大方廣佛華嚴經 讀誦

44

🪷 일러두기

1. 『독송본 한문·한글역 대방광불화엄경』은 실차난타가 한역(695~699)한 80권 『대방광불화엄경』의
한문 원문과 한글역을 함께 수록한 것이다. 한문에는 음사와 현토를 부기하였다.

2. 원문의 저본은 고종 2년(1865) 월정사에서 인경한 고려대장경 『대방광불화엄경』에 한암 스님이 현
토(1949년)한 것을 범룡 스님이 영인 출판(1990년)한 『대방광불화엄경』이다.

3. 한문은 저본에서 누락되었거나 글자가 다르다고 판단된 부분은 저본인 고려대장경 각권의 말미에
교감되어 있는 내용을 중심으로 하고 봉은사판 『대방광불화엄경수소연의초』와 신수대장경 각주에
서 밝힌 교감본을 참조하여 보입하고 수정하였다.

4. 한글 번역은 동국역경원에서 발간한 한글 『대방광불화엄경』(운허)을 중심으로 하고 『신화엄경합론』
(탄허)과 『대방광불화엄경 강설』(여천무비) 그리고 최근의 여타 번역본 등을 참조하였다.

5. 저본의 원문에서 이체자의 경우 흔글이 제공하는 이체자는 그대로 살리고 흔글이 제공하지 않는 글
자는 통용되는 정자로 바꾸었다. 예) 閒 → 閒 / 焰 → 㷔 / 宫 → 宮 / 偁 → 稱

6. 한글 번역은 독송과 사경을 위하여 정확성과 아울러 가독성을 고려하였다. 극존칭은 부처님과 불
경계에 대해서만 사용하였다.

7. 독송본의 차례는 일러두기 → 본문 → 화엄경 목차 → 간행사의 순차이다.
(법공양판에는 간행사 다음에 간행불사 동참자를 밝혀 두었다.)

8. 독송본의 한글역은 사경의 편의를 도모하기 위해 그 편집을 달리하여 『사경본 한글역 대방광불화
엄경』으로 함께 간행한다. 독송본과 사경본 모두 80권 『대방광불화엄경』의 권별 목차 순으로 간행
한다.

독송본 한문 · 한글역

대방광불화엄경 제44권
大方廣佛華嚴經 卷第四十四

실차난타 한역
수미해주 한글역

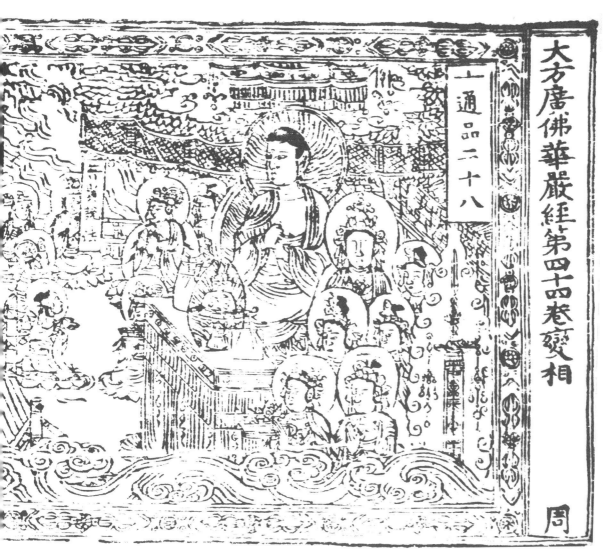

大方廣佛華嚴經第四十四卷變相

一通品二十八

周

대방광불화엄경 제44권 변상도

대방광불화엄경
제44권

28. 십통품

대방광불화엄경 권제사십사
大方廣佛華嚴經 卷第四十四

십통품 제이십팔
十通品 第二十八

이시 보현보살마하살 고제보살언
爾時에 普賢菩薩摩訶薩이 告諸菩薩言하시니라

불자 보살마하살 유십종통 하자 위
佛子야 菩薩摩訶薩이 有十種通하니 何者가 爲

십
十고

불자 보살마하살 이타심지통 지일삼천
佛子야 菩薩摩訶薩이 以他心智通으로 知一三千

대방광불화엄경 제44권

28. 십통품

그때에 보현 보살마하살이 모든 보살들에게 말씀하였다.

"불자들이여, 보살마하살에게 열 가지 신통이 있다. 무엇이 열인가?

불자들이여, 보살마하살이 다른 이의 마음을 아는 지혜 신통으로써 한 삼천대천세계 중

대천세계중생심차별
大千世界衆生心差別하나니라

소위선심   불선심   광심   협심   대심   소
所謂善心과 不善心과 廣心과 狹心과 大心과 小

심   순생사심   배생사심   성문심   독각
心과 順生死心과 背生死心과 聲聞心과 獨覺

심   보살심   성문행심   독각행심   보살행
心과 菩薩心과 聲聞行心과 獨覺行心과 菩薩行

심
心이니라

천심   용심   야차심   건달바심   아수라
天心과 龍心과 夜叉心과 乾闥婆心과 阿脩羅

심   가루라심   긴나라심   마후라가심   인
心과 迦樓羅心과 緊那羅心과 摩睺羅伽心과 人

심   비인심   지옥심   축생심   염마왕처심
心과 非人心과 地獄心과 畜生心과 閻魔王處心과

생들의 마음이 차별함을 안다.

이른바 착한 마음과, 착하지 않은 마음과, 넓은 마음과, 좁은 마음과, 큰 마음과, 작은 마음과, 생사를 따르는 마음과, 생사를 등지는 마음과, 성문의 마음과, 독각의 마음과, 보살의 마음과, 성문의 수행하는 마음과, 독각의 수행하는 마음과, 보살의 수행하는 마음이다.

천신의 마음과, 용의 마음과, 야차의 마음과, 건달바의 마음과, 아수라의 마음과, 가루라의 마음과, 긴나라의 마음과, 마후라가의 마음과, 사람의 마음과, 사람 아닌 이의 마음과, 지옥의 마음과, 축생의 마음과, 염마왕 처소

아귀심　제난처중생심
餓鬼心과 諸難處衆生心이라

여시등무량차별종종중생심　실분별지
如是等無量差別種種衆生心을 悉分別知하나라

여일세계　　여시백세계　　천세계　　백천세
如一世界하야 如是百世界와 千世界와 百千世

계　백천억나유타세계　　내지불가설불가
界와 百千億那由他世界와 乃至不可說不可

설불찰미진수세계중　소유중생심　실분
說佛剎微塵數世界中에 所有衆生心을 悉分

별지
別知하나니라

시명보살마하살　제일선지타심지신통
是名菩薩摩訶薩의 第一善知他心智神通이니라

의 마음과, 아귀의 마음과, 모든 어려운 곳의 중생들의 마음이다.

이와 같은 등의 한량없이 차별한 갖가지 중생들의 마음을 다 분별하여 안다.

한 세계와 같이 이와 같은 백 세계와 천 세계와 백천 세계와 백천억 나유타 세계와 내지 말할 수 없이 말할 수 없는 부처님 세계 미진수의 세계 가운데 있는 바 중생들의 마음을 다 분별하여 안다.

이 이름이 보살마하살의 첫째 '다른 이의 마음을 잘 아는 지혜 신통'이다.

불자　보살마하살　이무애청정천안지통
佛子야 菩薩摩訶薩이 以無礙淸淨天眼智通으로

견무량불가설불가설불찰미진수세계중중
見無量不可說不可說佛刹微塵數世界中衆

생　사차생피　선취악취　복상죄상　혹호
生의 死此生彼하는 善趣惡趣와 福相罪相과 或好

혹추　혹구혹정　여시품류　무량중생
或醜와 或垢或淨한 如是品類의 無量衆生하나니라

소위천중　용중　야차중　건달바중　아수
所謂天衆과 龍衆과 夜叉衆과 乾闥婆衆과 阿脩

라중　가루라중　긴나라중　마후라가중
羅衆과 迦樓羅衆과 緊那羅衆과 摩睺羅伽衆과

인중　비인중　미세신중생중　광대신중생
人衆과 非人衆과 微細身衆生衆과 廣大身衆生

불자들이여, 보살마하살이 걸림 없이 청정한 천안 지혜의 신통으로써 한량없고 말할 수 없이 말할 수 없는 부처님 세계 미진수의 세계 가운데 중생들이 여기서 죽어 저기서 태어나는 것과, 좋은 길과 나쁜 길과, 복 받는 모양과 죄 받는 모양과, 혹은 아름답고 혹은 추하고, 혹은 더럽고 혹은 깨끗한, 이와 같은 품류의 한량없는 중생들을 본다.

이른바 천신의 무리와, 용의 무리와, 야차의 무리와, 건달바의 무리와, 아수라의 무리와, 가루라의 무리와, 긴나라의 무리와, 마후라가

중 　소중 　대중
衆과 小衆과 大衆이라

여시종종중생중중 　이무애안 　실개명
如是種種衆生衆中을 以無礙眼으로 悉皆明

견 　수소적집업 　수소수고락 　수심
見호대 隨所積集業하며 隨所受苦樂하며 隨心하며

수분별 　수견 　수언설 　수인 　수업
隨分別하며 隨見하며 隨言說하며 隨因하며 隨業하며

수소연 　수소기 　실개견지 　무유착
隨所緣하며 隨所起하야 悉皆見之하야 無有錯

류
謬하나니라

시명보살마하살 　제이무애천안지신통
是名菩薩摩訶薩의 第二無礙天眼智神通이니라

의 무리와, 사람의 무리와, 사람 아닌 이의 무리와, 몸이 미세한 중생의 무리와, 몸이 큰 중생의 무리와, 작은 무리와, 큰 무리이다.

이와 같은 갖가지 중생의 무리들을 걸림 없는 눈으로 모두 다 분명히 보되 쌓은 바 업을 따르며, 받는 바 괴로움과 즐거움을 따르며, 마음을 따르며, 분별을 따르며, 소견을 따르며, 언설을 따르며, 원인을 따르며, 업을 따르며, 반연하는 바를 따르며, 일어나는 바를 따라서, 모두 다 보아 잘못이 없다.

이 이름이 보살마하살의 둘째 '걸림 없는 천안의 지혜 신통'이다.

불자　　보살마하살　　이숙주수념지통　　　능
佛子야 菩薩摩訶薩이 以宿住隨念智通으로 能

지자신　　급불가설불가설불찰미진수세계
知自身과 及不可說不可說佛刹微塵數世界

중일체중생　　과거불가설불가설불찰미진
中一切衆生의 過去不可說不可說佛刹微塵

수겁숙주지사
數劫宿住之事하나니라

소위모처생　　여시명　　여시성　　여시종족
所謂某處生에 如是名과 如是姓과 如是種族과

여시음식　　여시고락　　종무시래　　어제유중
如是飮食과 如是苦樂과 從無始來로 於諸有中에

이인이연　　　전전자장　　　차제상속　　　윤회
以因以緣으로 展轉滋長하며 次第相續하야 輪迴

부절　　종종품류　　종종국토　　종종취생
不絶하는 種種品類와 種種國土와 種種趣生과

불자들이여, 보살마하살이 지난 세상에 살던 일을 다 기억하는 지혜 신통으로써, 자신과 그리고 말할 수 없이 말할 수 없는 부처님 세계 미진수의 세계 가운데 일체 중생의 과거 말할 수 없이 말할 수 없는 부처님 세계 미진수의 겁 동안 살았던 일을 능히 안다.

이른바 어느 곳에 태어나서 이와 같은 이름과, 이와 같은 성씨와, 이와 같은 종족과, 이와 같은 음식과, 이와 같은 고락과, 비롯함이 없는 옛적으로부터 모든 존재 가운데서 인과 연으로 점점 더 자라나며 차례로 계속해서 윤회하여 끊이지 않는 갖가지 품류와, 갖가지 국

종종형상　종종업행　종종결사　종종심
種種形相과　種種業行과　種種結使와　種種心

념　종종인연　수생차별　여시등사　개실
念과　種種因緣과　受生差別의　如是等事를　皆悉

요지
了知하나라

우억과거이소불찰미진수겁　이소불찰미
又憶過去爾所佛剎微塵數劫의　爾所佛剎微

진수세계중　유이소불찰미진수제불
塵數世界中에　有爾所佛剎微塵數諸佛이어든

일일불　여시명호　여시출흥　여시중회
一一佛의　如是名号와　如是出興과　如是衆會와

여시부모　여시시자　여시성문　여시최승
如是父母와　如是侍者와　如是聲聞과　如是最勝

토와, 갖가지 갈래에 태어남과, 갖가지 형상과, 갖가지 업행과, 갖가지 번뇌와, 갖가지 마음과, 갖가지 인연과, 태어나는 차별한 것, 이와 같은 등의 일을 모두 다 분명하게 안다.

또 과거의 그러한 부처님 세계 미진수의 겁에 그러한 부처님 세계 미진수의 세계 가운데 계셨던 그러한 부처님 세계 미진수의 모든 부처님을 기억한다. 낱낱 부처님의 이와 같은 명호와, 이와 같은 출현과, 이와 같은 대중모임과, 이와 같은 부모와, 이와 같은 시자와, 이와 같은 성문과, 이와 같은 가장 수승한 두 큰 제

이대제자　어여시성읍　여시출가　부어여
二大弟子와 於如是城邑에 如是出家와 復於如

시보리수하　성최정각　어여시처　좌여시
是菩提樹下에 成最正覺과 於如是處에 坐如是

좌　　연설여시약간경전　　여시이익이소
座하야 演說如是若干經典하야 如是利益爾所

중생　어이소시　주어수명　시작여시약
衆生과 於爾所時에 住於壽命하야 施作如是若

간불사　의무여의반열반계　이반열반
干佛事와 依無餘依般涅槃界하야 而般涅槃과

반열반후법주구근　여시일체　실능억
般涅槃後法住久近하야 如是一切를 悉能憶

념
念하니라

우억념불가설불가설불찰미진수제불명호
又憶念不可說不可說佛刹微塵數諸佛名号가

자들과, 이와 같은 성읍에서 이와 같이 출가

하심과, 또 이와 같이 보리수 아래에서 가장

바른 깨달음을 이루심과, 이와 같은 곳에서

이와 같은 자리에 앉아서 이와 같은 약간의 경

전을 연설하여 이와 같이 그러한 중생들을 이

익하게 하심과, 그러한 시간의 수명에 머물러

이와 같은 약간의 불사를 하심과, 남은 의지

함이 없는 반열반의 경계에 의지하여 열반에

드심과, 열반에 드신 뒤에 법이 얼마 동안 머

무른, 이와 같은 일체를 모두 능히 기억한다.

또 말할 수 없이 말할 수 없는 부처님 세계

미진수의 모든 부처님 명호를 기억하며, 낱낱

일일명호　유불가설불가설불찰미진수불
一一名号에 有不可說不可說佛刹微塵數佛이

종초발심　　기원수행　　공양제불　조복
從初發心으로 起願修行하야 供養諸佛과 調伏

중생　중회설법　수명다소　신통변화　내
衆生과 衆會說法과 壽命多少와 神通變化와 乃

지입어무여열반　반열반후법주구근　조
至入於無餘涅槃과 般涅槃後法住久近과 造

립탑묘　종종장엄　영제중생　종식선
立塔廟하야 種種莊嚴하야 令諸衆生으로 種植善

근　개실능지
根하야 皆悉能知하나니라

시명보살마하살　제삼지과거제겁숙주지
是名菩薩摩訶薩의 第三知過去際劫宿住智

신통
神通이니라

명호에 말할 수 없이 말할 수 없는 부처님 세계 미진수의 부처님이 계시어, 처음 발심함으로부터 원을 세우고 수행하며, 모든 부처님께 공양올리고 중생을 조복하며, 대중모임에서 법을 설하심과, 수명이 길고 짧음과, 신통 변화와, 내지 남음이 없는 열반에 드심과, 열반하신 뒤에 법이 얼마 동안 머무름과, 탑묘를 조립하고 갖가지로 장엄하여 모든 중생들로 하여금 선근을 심게 함을 모두 다 능히 안다.

이 이름이 보살마하살의 셋째 '과거제 겁에 머물러 살던 것을 아는 지혜 신통'이다.

불자　보살마하살　이지진미래제겁지통
佛子야 菩薩摩訶薩이 以知盡未來際劫智通으로

지불가설불가설불찰미진수세계중소유겁
知不可說不可說佛刹微塵數世界中所有劫에

일일겁중소유중생　명종수생　제유상속
一一劫中所有衆生의 命終受生에 諸有相續하는

업행과보　약선　약불선　약출리　약불출
業行果報의 若善과 若不善과 若出離와 若不出

리
離니라

약결정　약불결정　약사정　약정정　약선
若決定과 若不決定과 若邪定과 若正定과 若善

근여사구　약선근불여사구　약구족선근　약
根與使俱와 若善根不與使俱와 若具足善根과 若

불구족선근　약섭취선근　약불섭취선근
不具足善根과 若攝取善根과 若不攝取善根과

불자들이여, 보살마하살이 미래제의 겁이 다

하도록 아는 지혜 신통으로써, 말할 수 없이

말할 수 없는 부처님 세계 미진수의 세계에 있

는 바 겁에, 낱낱 겁 가운데 있는 바 중생들

이 목숨을 마치고 다시 태어남에 모든 존재가

계속하는 업행과 과보의 혹 착함과 혹 착하지

못함과 혹 벗어남과 혹 벗어나지 못함을 안다.

결정되고 결정되지 못함과, 삿된 삼매와 바

른 삼매와, 선근이 번뇌와 함께 함과 선근이

번뇌와 함께 하지 않음과, 선근을 구족함과

선근을 구족하지 못함과, 선근을 거두어 가짐

과 선근을 거두어 가지지 못함과, 선근을 쌓

약적집선근　　약불적집선근　　약적집죄법
若積集善根과　若不積集善根과　若積集罪法과

약불적집죄법　　여시일체　　개능요지
若不積集罪法하야　如是一切를　皆能了知하나라

우지불가설불가설불찰미진수세계　　진미
又知不可說不可說佛剎微塵數世界에　盡未

래제　　유불가설불가설불찰미진수겁
來際토록　有不可說不可說佛剎微塵數劫이어든

일일겁　　유불가설불가설불찰미진수제불
一一劫에　有不可說不可說佛剎微塵數諸佛

명호　　일일명호　　유불가설불가설불찰미
名号하며　一一名号에　有不可說不可說佛剎微

진수제불여래　　일일여래　　종초발심
塵數諸佛如來하사　一一如來가　從初發心으로

아 모음과 선근을 쌓아 모으지 못함과, 죄를 쌓아 모으는 법과 죄를 쌓아 모으지 않는 법의, 이와 같은 일체를 다 능히 분명하게 안다.

또 말할 수 없이 말할 수 없는 부처님 세계 미진수의 세계에 미래제가 다하도록 말할 수 없이 말할 수 없는 부처님 세계 미진수의 겁이 있는데, 낱낱 겁에 말할 수 없이 말할 수 없는 부처님 세계 미진수의 모든 부처님 명호가 있으며, 낱낱 명호에 말할 수 없이 말할 수 없는 부처님 세계 미진수의 모든 부처님 여래가 계시며, 낱낱 여래께서 처음 발심함으로부터 원

기원입행
起願立行하나라

공양제불   교화중생   중회설법   수명다소
供養諸佛과 敎化衆生과 衆會說法과 壽命多少와

신통변화   내지입어무여열반   반열반후
神通變化와 乃至入於無餘涅槃과 般涅槃後

법주구근   조립탑묘   종종장엄   영제
法住久近과 造立塔廟하고 種種莊嚴하야 令諸

중생   종식선근   여시등사   실능요
衆生으로 種植善根하야 如是等事를 悉能了

지
知하나니라

시명보살마하살   제사지진미래제겁지신
是名菩薩摩訶薩의 第四知盡未來際劫智神

통
通이니라

을 세우고 행을 닦으심을 안다.

모든 부처님께 공양올림과, 중생을 교화함과, 대중모임에서 법을 설함과, 수명이 길고 짧음과, 신통 변화와, 내지 남음이 없는 열반에 들며 열반하신 뒤에 법이 얼마 동안 머무름과, 탑묘를 조립하고 갖가지로 장엄하여 모든 중생들로 하여금 선근을 심게 하는, 이와 같은 등의 일을 모두 능히 분명하게 안다.

이 이름이 보살마하살의 넷째 '미래제의 겁이 다하도록 아는 지혜 신통'이다.

불자 보살마하살 성취무애청정천이
佛子야 菩薩摩訶薩이 成就無礙淸淨天耳하야

원만광대 총철이장 요달무애 구족
圓滿廣大하며 聰徹離障하며 了達無礙하며 具足

성취 어제일체소유음성 욕문불문 수
成就하며 於諸一切所有音聲에 欲聞不聞을 隨

의자재
意自在하나니라

불자 동방 유불가설불가설불찰미진수
佛子야 東方에 有不可說不可說佛刹微塵數

불 시제불 소설소시 소개소연 소안
佛이어든 是諸佛의 所說所示와 所開所演과 所安

립 소교화 소조복 소억념 소분별 심
立과 所敎化와 所調伏과 所憶念과 所分別인 甚

심광대종종차별 무량방편 무량선교 청
深廣大種種差別과 無量方便과 無量善巧의 淸

불자들이여, 보살마하살이 걸림 없이 청정한 천이를 성취하여 원만하고 광대하며 밝게 사무쳐 듣고 장애를 여의며, 분명히 통달하여 걸림이 없으며, 구족하게 성취하여 모든 일체 있는 바 음성을 듣기도 하고 듣지 않기도 하는데 뜻대로 자재하다.

불자들이여, 동방에 말할 수 없이 말할 수 없는 부처님 세계 미진수의 부처님께서 계시는데, 이 모든 부처님께서 설하고 보이신 바와, 열고 연설하신 바와, 안립하고 교화하신 바와, 조복하고 기억하신 바와, 분별하신 바인, 매우 깊고 광대하고 갖가지 차별한 한량없는 방편

정지법　어피일체　개능수지
淨之法인 於彼一切를 皆能受持하나라

우어기중　약의약문　약일인　약중회　여
又於其中에 若義若文과 若一人과 若衆會에 如

기음사　여기지혜　여소요달　여소시
其音辭하며 如其智慧하며 如所了達하며 如所示

현　여소조복　여기경계　여기소의
現하며 如所調伏하며 如其境界하며 如其所依하며

여기출도
如其出道하나라

어피일체　실능기지　불망불실　부단
於彼一切를 悉能記持하야 不忘不失하며 不斷

불퇴　무미무혹　위타연설　영득오
不退하며 無迷無惑하야 爲他演說하야 令得悟

해　종불망실일문일구
解하야 終不忘失一文一句하나라

과, 한량없는 교묘하고 청정한 법인, 저 일체를 모두 능히 받아 지닌다.

또 그 가운데서 뜻이나 글을, 한 사람이거나 모인 대중들에게 그 음성과 같이 하며, 그 지혜와 같이 하며, 밝게 통달한 바와 같이 하며, 나타내 보인 바와 같이 하며, 조복한 바와 같이 하며, 그 경계와 같이 하며, 그 의지하는 바와 같이 하며, 그 벗어나는 길과 같이 한다.

저 일체를 모두 능히 기억하여 지녀서, 잊지 않고 잃지 않으며, 끊지 않고 물러나지 않으며, 미혹하지 않아서 다른 이를 위해 연설하여 깨달음을 얻어서 마침내 한 글자 한 구절

여동방　　남서북방　　사유상하　　역부여
如東方하야 南西北方과 四維上下도 亦復如

시
是하나니라

시명보살마하살　제오무애청정천이지신
是名菩薩摩訶薩의 第五無礙淸淨天耳智神

통
通이니라

불자　보살마하살　주무체성신통　무작신
佛子야 菩薩摩訶薩이 住無體性神通과 無作神

통　평등신통　광대신통　무량신통　무의
通과 平等神通과 廣大神通과 無量神通과 無依

도 잊지 않게 한다.

동방에서와 같이 남방과 서방과 북방과 네 간방과 상방과 하방에서도 또한 다시 그러하다.

이 이름이 보살마하살의 다섯째 '걸림 없이 청정한 천이의 지혜 신통'이다.

불자들이여, 보살마하살이 자체 성품이 없는 신통과, 지음이 없는 신통과, 평등한 신통과, 광대한 신통과, 한량없는 신통과, 의지함이 없는 신통과, 기억하는 신통과, 일어나는 신통

신통   수념신통   기신통   불기신통   불퇴
神通과 隨念神通과 起神通과 不起神通과 不退

신통   부단신통   불괴신통   증장신통   수
神通과 不斷神通과 不壞神通과 增長神通과 隨

예신통   차보살   문극원일체세계중제불
詣神通하야 此菩薩이 聞極遠一切世界中諸佛

명
名하나니라

소위무수세계   무량세계   내지불가설불
所謂無數世界와 無量世界와 乃至不可說不

가설불찰미진수세계중제불명   문기명이
可說佛剎微塵數世界中諸佛名이라 聞其名已에

즉자견신   재피불소
即自見身이 在彼佛所하나니라

과, 일어나지 않는 신통과, 물러나지 않는 신통과, 끊어지지 않는 신통과, 깨뜨리지 못하는 신통과, 늘어나는 신통과, 뜻 따라 나아가는 신통에 머무르면, 이 보살은 지극히 먼 일체 세계에 있는 모든 부처님 명호들도 듣는다.

이른바 수없는 세계와 한량없는 세계와 내지 말할 수 없이 말할 수 없는 부처님 세계 미진수의 세계에 있는 모든 부처님 명호들이다. 그 명호들을 듣고는 곧 몸이 그 부처님 처소에 있음을 스스로 본다.

피제세계　　혹앙혹복　　각각형상　　각각방
彼諸世界의 或仰或覆한 各各形狀과 各各方

소　　각각차별　　무변무애　　종종국토　　종종
所와 各各差別과 無邊無礙와 種種國土와 種種

시겁　　무량공덕　　각별장엄
時劫과 無量功德과 各別莊嚴이니라

피피여래　　어중출현　　　시현신변　　칭양명
彼彼如來가 於中出現하사 示現神變과 稱揚名

호　　무량무수　　각각부동
号가 無量無數하야 各各不同이니라

차보살　　일득문피제여래명　　부동본처
此菩薩이 一得聞彼諸如來名에 不動本處하고

이견기신　　재피불소　　예배존중　　　승사
而見其身이 在彼佛所하야 禮拜尊重하며 承事

공양　　문보살법　　입불지혜　　실능요달
供養하고 問菩薩法하며 入佛智慧하야 悉能了達

그 모든 세계가 혹은 잦혀져 있고 혹은 엎어져 있는, 각각의 형상과 각각의 방소와 각각의 차별한 것이 가없고 걸림이 없으며, 갖가지 국토와 갖가지 시간과 겁 동안 한량없는 공덕으로 각각 다르게 장엄하였다.

여러 여래께서 그 가운데 출현하시어 신통 변화를 나타내 보이시고, 명호를 일컬어 드날리는 것이 한량없고 수없어서 각각 같지 아니하다.

이 보살이 그 모든 여래의 명호를 한 번 듣고는 본래 자리에서 움직이지 아니하고 그 몸이 그 부처님 처소에 있어서 예배하고 존중하

제불국토　　도량중회　　급소설법　　지어구
諸佛國土의 道場衆會와 及所說法하야 至於究

경　　무소취착
竟하야 無所取著하니라

여시경불가설불가설불찰미진수겁　　보지
如是經不可說不可說佛刹微塵數劫토록 普至

시방　　이무소왕　　연　　예찰관불　　청
十方호대 而無所往이라 然이나 詣刹觀佛하야 聽

법청도　　무유단절　　무유폐사　　무유휴
法請道를 無有斷絶하며 無有廢捨하며 無有休

식　　무유피염　　수보살행　　성취대원
息하며 無有疲厭하야 修菩薩行하야 成就大願호대

실령구족　　증무퇴전　　위령여래광대종
悉令具足하야 曾無退轉은 爲令如來廣大種

성　　부단절고
性으로 不斷絶故니라

며 받들어 섬기고 공양올림을 보며, 보살의 법을 묻고 부처님의 지혜에 들어가며, 모든 부처님 국토와 도량에 모인 대중과 그리고 설하시는 법을 모두 능히 밝게 통달하고 구경에 이르러 집착하는 바가 없다.

이와 같이 말할 수 없이 말할 수 없는 부처님 세계 미진수의 겁을 지나도록 시방에 널리 이르러도 가는 바가 없다. 그러나 세계에 나아가서 부처님을 뵙고 법을 듣고 도를 청함이 끊어짐이 없으며, 폐하여 버림도 없으며, 휴식함도 없으며, 피로해하거나 싫어함이 없어서 보살의 행을 닦고 큰 서원을 성취하되 모두 구족케 하

시명보살마하살　제육주무체성무동작
是名菩薩摩訶薩의 **第六住無體性無動作**하야

왕일체불찰지신통
往一切佛刹智神通이니라

불자　보살마하살　이선분별일체중생언
佛子야 **菩薩摩訶薩**이 **以善分別一切眾生言**

음지통　　지불가설불가설불찰미진수세계
音智通으로 **知不可說不可說佛刹微塵數世界**

중중생　종종언사
中眾生의 **種種言辭**하나니라

소위성언사　비성언사　천언사　용언사
所謂聖言辭와 **非聖言辭**와 **天言辭**와 **龍言辭**와

여 일찍이 물러남이 없었으니, 여래의 광대한 종성이 끊어지지 않게 하기 위한 까닭이다.

이 이름이 보살마하살의 여섯째 '자체 성품이 없고 동작이 없음에 머물러 일체 부처님 세계에 가는 지혜 신통'이다.

불자들이여, 보살마하살이 일체 중생의 말을 잘 분별하는 지혜 신통으로써 말할 수 없이 말할 수 없는 부처님 세계 미진수의 세계 가운데 중생들의 갖가지 말을 안다.

이른바 성인의 말과 성인 아닌 이의 말과 천

야차언사　건달바　아수라　가루라　긴나
夜叉言辭와 乾闥婆와 阿脩羅와 迦樓羅와 緊那

라　마후라가　인급비인　내지불가설불가
羅와 摩睺羅伽와 人及非人과 乃至不可說不可

설중생　소유언사　각각표시　종종차별
說衆生의 所有言辭가 各各表示하야 種種差別인

여시일체　개능요지
如是一切를 皆能了知하나니라

차보살　수소입세계　능지기중일체중생
此菩薩이 隨所入世界하야 能知其中一切衆生의

소유성욕　여기성욕　위출언사　실령
所有性欲하고 如其性欲하야 爲出言辭하야 悉令

해료　무유의혹
解了하야 無有疑惑하나니라

여일광출현　보조중색　영유목자　실득
如日光出現에 普照衆色하야 令有目者로 悉得

신의 말과 용의 말과 야차의 말과 건달바 · 아

수라 · 가루라 · 긴나라 · 마후라가 · 사람 · 사

람 아닌 이와 내지 말할 수 없이 말할 수 없는

중생들의 있는 바 말로 각각 나타내 보여 갖가

지 차별한, 이와 같은 일체를 모두 능히 밝게

안다.

이 보살이 들어가는 바 세계를 따라 그 가운

데 일체 중생의 있는 바 성품과 욕망을 능히

알며, 그 성품과 욕망과 같이 말을 내어 모두

밝게 알아 의혹이 없게 한다.

마치 햇빛이 나타나서 온갖 색을 널리 비추

어 눈이 있는 자는 모두 밝게 보게 하듯이,

명견　　　　보살마하살　　역부여시　　이선
明見인달하야 菩薩摩訶薩도 亦復如是하야 以善

분별일체언사지　　심입일체언사운　　소유
分別一切言辭智로 深入一切言辭雲하야 所有

언사　영제세간총혜지자　실득해료
言辭를 令諸世間聰慧之者로 悉得解了하나니라

시명보살마하살　　제칠선분별일체언사지
是名菩薩摩訶薩의 第七善分別一切言辭智

신통
神通이니라

불자　보살마하살　이출생무량아승지색
佛子야 菩薩摩訶薩이 以出生無量阿僧祇色

보살마하살도 또한 다시 이와 같아서, 일체 말을 잘 분별하는 지혜로써 일체 말의 구름에 깊이 들어가 있는 바 말을 모든 세간의 총명하고 슬기로운 자로 하여금 다 밝게 알게 한다.

이 이름이 보살마하살의 일곱째 '일체 말을 잘 분별하는 지혜 신통'이다.

불자들이여, 보살마하살이 한량없는 아승지 색신의 장엄을 내는 지혜 신통으로써 일체 법이 색상을 멀리 여읨과 차별한 모양이 없음과

신장엄지통　지일체법　원리색상　무차
身莊嚴智通으로 知一切法의 遠離色相과 無差

별상　무종종상　무무량상　무분별상　무
別相과 無種種相과 無無量相과 無分別相과 無

청황적백상
靑黃赤白相이니라

보살　여시입어법계　능현기신　작종
菩薩이 如是入於法界하야 能現其身하야 作種

종색
種色하나니라

소위무변색　무량색　청정색　장엄색　보
所謂無邊色과 無量色과 淸淨色과 莊嚴色과 普

변색　무비색　보조색　증상색　무위역
偏色과 無比色과 普照色과 增上色과 無違逆

갖가지 모양이 없음과 한량없는 모양이 없음과 분별하는 모양이 없음과 푸르고 누르고 붉고 흰 모양이 없음을 안다.

보살이 이와 같이 법계에 들어가서 능히 그 몸을 나타내어 갖가지 색을 짓는다.

이른바 가없는 색과, 한량없는 색과, 청정한 색과, 장엄한 색과, 널리 두루한 색과, 견줄 수 없는 색과, 널리 비추는 색과, 더욱 좋은 색과, 어김이 없는 색과, 모든 모양을 갖춘 색과, 온갖 악함을 여읜 색과, 큰 위력의 색과, 존중할 만한 색과, 끝까지 다함이 없는 색과,

색　구제상색　이중악색　대위력색　가존
色과 具諸相色과 離衆惡色과 大威力色과 可尊

중색　무궁진색　중잡묘색
重色과 無窮盡色과 衆雜妙色이니라

극단엄색　불가량색　선수호색　능성숙
極端嚴色과 不可量色과 善守護色과 能成熟

색　수화자색　무장애색　심명철색　무
色과 隨化者色과 無障礙色과 甚明徹色과 無

구탁색　극징정색　대용건색　부사의방
垢濁色과 極澄淨色과 大勇健色과 不思議方

편색　불가괴색　이하예색　무장암색
便色과 不可壞色과 離瑕翳色과 無障闇色과

선안주색
善安住色이니라

묘장엄색　제상단엄색　종종수호색　대존
妙莊嚴色과 諸相端嚴色과 種種隨好色과 大尊

온갖 것이 섞인 미묘한 색이다.

지극히 단엄한 색과, 헤아릴 수 없는 색과, 잘 수호하는 색과, 능히 성숙케 하는 색과, 교화하는 자를 따르는 색과, 장애가 없는 색과, 매우 밝게 사무치는 색과, 더러움이 없는 색과, 지극히 맑고 깨끗한 색과, 크게 날쌔고 튼튼한 색과, 부사의한 방편의 색과, 깨뜨릴 수 없는 색과, 티를 여읜 색과, 막히어 어둠이 없는 색과, 잘 편안히 머무르는 색이다.

미묘하게 장엄한 색과, 모든 형상이 단엄한 색과, 갖가지로 잘생긴 색과, 크게 존귀한 색과, 묘한 경계의 색과, 잘 갈고 닦아 맑은 색

귀색   묘경계색   선마영색   청정심심색
貴色과 妙境界色과 善磨瑩色과 清淨深心色과

치연명성색   최승광대색   무간단색   무소
熾然明盛色과 最勝廣大色과 無閒斷色과 無所

의색   무등비색   충만불가설불찰색   증장
依色과 無等比色과 充滿不可說佛刹色과 增長

색   견고섭수색
色과 堅固攝受色이니라

최승공덕색   수제심락색   청정해료색   적
最勝功德色과 隨諸心樂色과 清淨解了色과 積

집중묘색   선교결정색   무유장애색   허공
集衆妙色과 善巧決定色과 無有障礙色과 虛空

명정색   청정가락색   이제진구색   불가칭
明淨色과 清淨可樂色과 離諸塵垢色과 不可稱

량색   묘견색   보견색   수시시현색   적정
量色과 妙見色과 普見色과 隨時示現色과 寂靜

과, 청정하고 깊은 마음의 색과, 찬란하게 밝은 색과, 가장 수승하고 광대한 색과, 끊어짐이 없는 색과, 의지하는 바가 없는 색과, 비등함이 없는 색과, 말할 수 없는 부처님 세계에 가득한 색과, 더욱 늘어나는 색과, 견고하게 거두어 주는 색이다.

가장 수승한 공덕의 색과, 모든 마음에 즐겨함을 따르는 색과, 청정하고 밝게 아는 색과, 온갖 미묘한 것을 모은 색과, 선교로 결정한 색과, 장애가 없는 색과, 허공처럼 밝고 깨끗한 색과, 청정하여 즐길 만한 색과, 모든 티끌을 여읜 색과, 헤아릴 수 없는 색과, 미묘하게 보

색   이탐색
色과 離貪色이니라

진실복전색   능작안은색   이제포외색   이
眞實福田色과 能作安隱色과 離諸怖畏色과 離

우치행색   지혜용맹색   신상무애색   유행
愚癡行色과 智慧勇猛色과 身相無礙色과 遊行

보변색   심무소의색   대자소기색   대비소
普徧色과 心無所依色과 大慈所起色과 大悲所

현색   평등출리색   구족복덕색   수심억념
現色과 平等出離色과 具足福德色과 隨心憶念

색   무변묘보색   보장광명색
色과 無邊妙寶色과 寶藏光明色이니라

중생신락색   일체지현전색   환희안색   중
衆生信樂色과 一切智現前色과 歡喜眼色과 衆

보장엄제일색   무유처소색   자재시현색
寶莊嚴第一色과 無有處所色과 自在示現色과

는 색과, 널리 보는 색과, 때를 따라 나타내 보

이는 색과, 적정한 색과, 탐욕을 여읜 색이다.

진실한 복밭의 색과, 능히 안온하게 하는 색

과, 모든 두려움을 여의는 색과, 어리석은 행

을 여의는 색과, 지혜가 용맹한 색과, 몸 형상

이 걸림 없는 색과, 널리 두루 다니는 색과,

마음이 의지한 바 없는 색과, 대자로 일으킨

바 색과, 대비로 나타낸 바 색과, 평등하게 벗

어난 색과, 복덕을 구족한 색과, 마음 따라 기

억하는 색과, 가없이 미묘한 보배의 색과, 보

배창고의 광명 색이다.

중생들이 믿고 즐겨하는 색과, 일체 지혜가

종종신통색 생여래가색 과제비유색 주
種種神通色과 生如來家色과 過諸譬諭色과 周

변법계색 중개왕예색 종종색 성취색
徧法界色과 衆皆往詣色과 種種色과 成就色과

출리색 수소화자위의색
出離色과 隨所化者威儀色이니라

견무염족색 종종명정색 능방무수광망
見無厭足色과 種種明淨色과 能放無數光網

색 불가설광명종종차별색 불가사향광
色과 不可說光明種種差別色과 不可思香光

명초과삼계색 불가량일륜광명조요색
明超過三界色과 不可量日輪光明照耀色과

시현무비월신색 무량가애락화운색 출
示現無比月身色과 無量可愛樂華雲色과 出

생종종연화만운장엄색 초과일체세간향
生種種蓮華鬘雲莊嚴色과 超過一切世間香

앞에 나타나는 색과, 환희로운 눈의 색과, 온 갖 보배로 장엄한 제일가는 색과, 처소가 없는 색과, 자재하게 나타내 보이는 색과, 갖가지 신통의 색과, 여래의 가문에 태어나는 색과, 모든 비유를 초월한 색과, 법계에 두루한 색과, 여럿이 모두 나아가는 색과, 갖가지 색과, 성취하는 색과, 벗어나는 색과, 교화할 자를 따르는 위의의 색이다.

보기에 만족해 싫어함이 없는 색과, 갖가지 밝고 깨끗한 색과, 능히 수없는 광명그물을 놓는 색과, 말할 수 없는 광명이 갖가지로 차별한 색과, 사의할 수 없는 향 광명이 삼계를 뛰어넘는

염보훈색
燄普熏色이니라

출생일체여래장색　불가설음성　　개시연
出生一切如來藏色과 **不可說音聲**으로 **開示演**

창일체법색　구족일체보현행색
暢一切法色과 **具足一切普賢行色**이라

불자　보살마하살　심입여시무색법계
佛子야 **菩薩摩訶薩**이 **深入如是無色法界**하야

능현차등종종색신　영소화자견　　영소화
能現此等種種色身은 **令所化者見**하며 **令所化**

자념　위소화자　전법륜　수소화자
者念하며 **爲所化者**하야 **轉法輪**하며 **隨所化者**

시　　수소화자상
時하며 **隨所化者相**하니라

색과, 헤아릴 수 없는 햇빛이 밝게 비치는 색과, 견줄 데 없는 달의 몸을 나타내 보이는 색과, 한량없고 사랑스러운 꽃구름 색과, 갖가지 연꽃 화만구름을 내어 장엄하는 색과, 일체 세간을 뛰어넘는 향 불꽃이 널리 퍼지는 색이다.

일체 여래장을 출생하는 색과, 말할 수 없는 음성으로 일체 법을 열어 보이고 연설하는 색과, 일체 보현행을 구족하는 색이다.

불자들이여, 보살마하살이 이와 같은 색이 없는 법계에 깊이 들어가 이러한 갖가지 색신을 능히 나타내어, 교화 받을 자로 하여금 보

영소화자　친근　　영소화자　개오　　위소
令所化者로 **親近**하며 **令所化者**로 **開悟**하며 **爲所**

화자　　기종종신통　　위소화자　　현종종
化者하야 **起種種神通**하며 **爲所化者**하야 **現種種**

자재　　위소화자　　시종종능사
自在하며 **爲所化者**하야 **施種種能事**니라

시명보살마하살　위도일체중생고　근수
是名菩薩摩訶薩의 **爲度一切衆生故**로 **勤修**

성취제팔무수색신지신통
成就第八無數色身智神通이니라

게 하고, 교화 받을 자로 하여금 생각하게 하고, 교화 받을 자를 위하여 법륜을 굴리고, 교화 받을 자의 때를 따르며, 교화 받을 자의 형상을 따른다.

교화 받을 자로 하여금 친근케 하며, 교화 받을 자를 깨닫게 하며, 교화 받을 자를 위하여 갖가지 신통을 일으키고, 교화 받을 자를 위하여 갖가지 자재함을 나타내며, 교화 받을 자를 위하여 갖가지 능한 일을 베푼다.

이 이름이 보살마하살이 일체 중생을 제도하기 위한 까닭으로 부지런히 닦아 성취하는 여덟째 '수없는 색신의 지혜 신통'이다.

불자　보살마하살　이일체법지통　지일
佛子야 菩薩摩訶薩이 以一切法智通으로 知一

체법　무유명자　무유종성　무래무거　비
切法의 無有名字와 無有種性과 無來無去와 非

이비불이　비종종비부종종　비이비불이
異非不異와 非種種非不種種과 非二非不二와

무아무비　불생불멸　부동불괴　무실무
無我無比와 不生不滅과 不動不壞와 無實無

허　일상무상　비무비유　비법비비법　불
虛와 一相無相과 非無非有와 非法非非法과 不

수어속비불수속　비업비비업　비보비비
隨於俗非不隨俗과 非業非非業과 非報非非

보　비유위비무위　비제일의비불제일
報와 非有爲非無爲와 非第一義非不第一

의　비도비비도　비출리비불출리　비량
義와 非道非非道와 非出離非不出離와 非量

불자들이여, 보살마하살이 일체 법의 지혜 신통으로써 일체 법이 이름도 없고, 종성도 없으며, 옴도 없고 감도 없으며, 다름도 아니고 다르지 않음도 아니며, 갖가지도 아니고 갖가지 아닌 것도 아니며, 둘도 아니고 둘 아닌 것도 아니며, '나'도 없고 견줄 것도 없으며, 나지도 않고 없어지지도 않으며, 흔들리지도 않고 무너지지도 않으며, 진실함도 없고 허망함도 없으며, 한 모양이고 모양 없음이며, 없는 것도 아니고 있는 것도 아니며, 법도 아니고 법 아님도 아니며, 세속을 따름도 아니고 세속을 따르지 않음도 아니며, 업도 아니고 업

비무량　　비세간비출세간　　비종인생비부
非無量과　非世間非出世間과　非從因生非不

종인생　　비결정비불결정　　비성취비불성
從因生과　非決定非不決定과　非成就非不成

취　　비출비불출　　비분별비불분별　　비여리
就와　非出非不出과　非分別非不分別과　非如理

비불여리
非不如理하니라

아님도 아니며, 과보도 아니고 과보 아님도 아니며, 유위도 아니고 무위도 아니며, 제일의도 아니고 제일의 아님도 아니며, 길도 아니고 길 아님도 아니며, 벗어남도 아니고 벗어나지 않음도 아니며, 한량있는 것도 아니고 한량없는 것도 아니며, 세간도 아니고 출세간도 아니며, 인을 좇아 난 것도 아니고 인을 좇아 나지 않은 것도 아니며, 결정도 아니고 결정 아님도 아니며, 성취함도 아니고 성취하지 않음도 아니며, 나옴도 아니고 나오지 않음도 아니며, 분별도 아니고 분별 아님도 아니며, 이치와 같음도 아니고 이치와 같지 않음도 아닌 줄을 안다.

차보살　불취세속제　부주제일의　불
此菩薩이 不取世俗諦하고 不住第一義하며 不

분별제법　불건립문자　수순적멸성
分別諸法하고 不建立文字하야 隨順寂滅性하며

불사일체원　견의지법　홍포법운　강
不捨一切願하고 見義知法하며 興布法雲하고 降

주법우
霆法雨하니라

수지실상　불가언설　이이방편무진변
雖知實相이 不可言說이나 而以方便無盡辯

재　수법수의　차제개연　이어제법
才로 隨法隨義하야 次第開演하야 以於諸法에

언사변설　개득선교　대자대비　실이청
言辭辯說이 皆得善巧하고 大慈大悲가 悉已淸

정　능어일체이문자법중　출생문자
淨하야 能於一切離文字法中에 出生文字하야

이 보살이 세속의 진리를 취하지도 않고, 제일의에 머무르지도 않으며, 모든 법을 분별하지도 않고, 문자를 세우지도 않아서 적멸한 성품을 따르며, 일체 서원을 버리지 않고, 이치를 보고 법을 알며, 법 구름을 일으켜서 법의 비를 내린다.

비록 실상은 말할 수 없음을 알지만 방편과 다함없는 변재로 법을 따르고 뜻을 따라 차례로 연설하여, 모든 법에 말과 변재가 모두 교묘함을 얻고, 대자대비가 다 이미 청정하여 능히 일체 문자를 여읜 법 가운데서 문자를 내어 법과 뜻에 따라서 어기지 아니하고 모든 법

여법여의　　수순무위　　위설제법　　실종연
與法與義로 **隨順無違**하야 **爲說諸法**이 **悉從緣**

기
起하니라

수유언설　　이무소착　　연일체법　　변재
雖有言說이나 **而無所著**하며 **演一切法**에 **辯才**

무진　　　분별안립　　　개발시도　　　영제법
無盡하야 **分別安立**하고 **開發示導**하야 **令諸法**

성　　구족명현　　　단중의망　　　실득청정
性으로 **具足明顯**하며 **斷衆疑網**하야 **悉得淸淨**하며

수섭중생　　불사진실
雖攝衆生이나 **不捨眞實**하니라

어불이법　　이무퇴전　　　상능연설무애법
於不二法에 **而無退轉**이나 **常能演說無礙法**

이 다 연을 좇아 일어나는 것을 설한다.

비록 말을 하지만 집착하는 바가 없으며, 일체 법을 연설하여도 변재가 다함이 없으며, 분별하고 안립하여 열어 보이고 인도하며, 모든 법의 성품이 구족하게 밝게 나타나 온갖 의심의 그물을 끊어서 모두 청정함을 얻게 하며, 비록 중생들을 거두어 주나 진실을 버리지 않는다.

둘이 아닌 법에서 물러남이 없으나 걸림 없는 법문을 항상 능히 연설하며, 온갖 미묘한 음성으로 중생들의 마음을 따라 법의 비를 널

문 이중묘음 수중생심 보우법우
門하야 以衆妙音으로 隨衆生心하야 普雨法雨하야

이불실시
而不失時하나니라

시명보살마하살 제구일체법지신통
是名菩薩摩訶薩의 第九一切法智神通이니라

불자 보살마하살 이일체법멸진삼매지
佛子야 菩薩摩訶薩이 以一切法滅盡三昧智

통 어염념중 입일체법멸진삼매 역
通으로 於念念中에 入一切法滅盡三昧호대 亦

불퇴보살도 불사보살사 불사대자대
不退菩薩道하며 不捨菩薩事하며 不捨大慈大

리 내리되 시기를 잃지 않는다.

이 이름이 보살마하살의 아홉째 '일체 법의 지혜 신통'이다.

불자들이여, 보살마하살이 일체 법이 멸하여 없어지는 삼매의 지혜 신통으로써 생각생각 동안에 일체 법이 멸하여 없어지는 삼매에 들어가되 또한 보살도에서 물러나지 않고, 보살의 일을 버리지도 않으며, 대자대비의 마음을 버리지 않고, 바라밀을 닦아 익히되 일찍이 쉬지 않으며, 일체 부처님 국토를 관찰하되 게을

비심   수습바라밀   미상휴식   관찰일
悲心하고 修習波羅蜜하야 未嘗休息하며 觀察一

체불국토   무유염권
切佛國土하야 無有厭倦하니라

불사도중생원   부단전법륜사   불폐교
不捨度衆生願하며 不斷轉法輪事하며 不廢敎

화중생업   불사공양제불행   불사일체
化衆生業하며 不捨供養諸佛行하며 不捨一切

법자재문   불사상견일체불   불사상문
法自在門하며 不捨常見一切佛하며 不捨常聞

일체법
一切法하니라

지일체법   평등무애   자재성취일체불
知一切法이 平等無礙하야 自在成就一切佛

법   소유승원   개득원만   요지일체국
法하며 所有勝願이 皆得圓滿하며 了知一切國

러 싫어하지 않는다.

중생들을 제도하는 서원을 버리지 않고, 법륜을 굴리는 일을 끊지 않으며, 중생들을 교화하는 업을 폐하지 않고, 모든 부처님께 공양올리는 행을 버리지 않으며, 일체 법에 자재한 문을 버리지 않고, 일체 부처님을 항상 친견함을 버리지 않으며, 일체 법을 항상 들음을 버리지 않는다.

일체 법이 평등하여 걸림 없음을 알아 일체 부처님의 법을 자재하게 성취하며, 있는 바 수승한 원을 다 원만하게 하며, 일체 국토의 차별을 밝게 알며, 부처님의 종성에 들어가서 저

토차별　　입불종성　　도어피안
土差別하며　入佛種性하야　到於彼岸하니라

능어피피제세계중　　학일체법　　요법무
能於彼彼諸世界中에　學一切法하야　了法無

상　　지일체법　　개종연기　　무유체성
相하며　知一切法이　皆從緣起라　無有體性이나

연수세속　　방편연설　　수어제법　　심무
然隨世俗하야　方便演說하며　雖於諸法에　心無

소주　　연순중생　　제근욕락　　방편위설종
所住나　然順眾生의　諸根欲樂하야　方便爲說種

종제법
種諸法이니라

차보살　　주삼매시　　수기심락　　혹주일
此菩薩이　住三昧時에　隨其心樂하야　或住一

언덕에 이른다.

능히 저 모든 세계에서 일체 법을 배워 법이 모양이 없음을 알며, 일체 법이 다 연을 좇아 일어나 자체 성품이 없음을 알지만 그러나 세속을 따라서 방편으로 연설하며, 비록 모든 법에 대하여 마음이 머무르는 바가 없지만 그러나 중생들의 모든 근성과 욕락을 따라서 방편으로 갖가지 모든 법을 설한다.

이 보살이 삼매에 머무를 때에는 그 마음에 좋아함을 따라서 혹은 한 겁을 머무르고, 혹은 백 겁을 머무르고, 혹은 천 겁을 머무르고,

겁　　혹주백겁　　　혹주천겁　　　혹주억겁
劫하며 或住百劫하며 或住千劫하며 或住億劫하며

혹주백억겁　　　혹주천억겁　　　혹주백천억
或住百億劫하며 或住千億劫하며 或住百千億

겁　　혹주나유타억겁　　　혹주백나유타억
劫하며 或住那由他億劫하며 或住百那由他億

겁　　　혹주천나유타억겁　　　혹주백천나유
劫하며 或住千那由他億劫하며 或住百千那由

타억겁　　　혹주무수겁　　　혹주무량겁　　　내
他億劫하며 或住無數劫하며 或住無量劫하며 乃

지혹주불가설불가설겁
至或住不可說不可說劫하나니라

보살　　입차일체법멸진삼매　　　수부경어
菩薩이 入此一切法滅盡三昧하야는 雖復經於

이소겁주　　이신불리산　　　불리수　　　불변
爾所劫住나 而身不離散하며 不羸瘦하며 不變

혹은 억 겁을 머무르고, 혹은 백억 겁을 머무르고, 혹은 천억 겁을 머무르고, 혹은 백천억 겁을 머무르고, 혹은 나유타억 겁을 머무르고, 혹은 백 나유타억 겁을 머무르고, 혹은 천 나유타억 겁을 머무르고, 혹은 백천 나유타억 겁을 머무르고, 혹은 수없는 겁을 머무르고, 혹은 한량없는 겁을 머무르고, 내지 혹은 말할 수 없이 말할 수 없는 겁을 머무른다.

보살이 이 일체 법이 멸하여 없어지는 삼매에 들어가서는 비록 다시 그러한 겁을 지나도록 머무르나 몸이 흩어지지 않고, 여위지도 않고, 변하여 달라지지도 않으며, 보는 것도 아

이　　　비견비불견　　　불멸불괴　　　불피불
異하며 非見非不見이며 不滅不壞며 不疲不

해　　불가진갈　　　수어유어무　　　실무소작
懈며 不可盡竭이며 雖於有於無에 悉無所作이나

이능성판제보살사
而能成辨諸菩薩事하나니라

소위항불사리일체중생　　　교화조복　　　미증
所謂恒不捨離一切衆生하고 敎化調伏에 未曾

실시　　　영기증장일체불법　　　어보살행　　　실
失時하야 令其增長一切佛法하야 於菩薩行에 悉

득원만　　　위욕이익일체중생　　　신통변화
得圓滿하며 爲欲利益一切衆生하야 神通變化가

무유휴식　　　비여광영　　　보현일체　　　이어
無有休息호미 譬如光影이 普現一切하야 而於

삼매　　적연부동
三昧에 寂然不動이니라

니고 보지 못하는 것도 아니며, 없어지지도 않고 무너지지도 않으며, 피로하지도 않고 게으르지도 않으며, 다하지도 않는다. 비록 있는 것이나 없는 것에 모두 짓는 바가 없으나 모든 보살의 일을 능히 이룬다.

이른바 일체 중생을 항상 떠나지 않고 교화하고 조복함에 일찍이 시기를 잃지 않아서, 그들로 하여금 일체 불법을 증장하여 보살의 행을 다 원만케 하며, 일체 중생을 이익케 하기 위하여 신통과 변화가 쉬지 않는다. 비유하면 빛 그림자가 일체를 널리 나타내는 것과 같이 삼매에서는 고요하여 흔들리지 않는다.

시위보살마하살　　입일체법멸진삼매지신
是爲菩薩摩訶薩의 入一切法滅盡三昧智神

통
通이니라

불자　보살마하살　주어여시십종신통　　일
佛子야 菩薩摩訶薩이 住於如是十種神通에 一

체천인　불능사의　　일체중생　불능사
切天人이 不能思議하며 一切衆生이 不能思

의　　일체성문　일체독각　급여일체제보
議하며 一切聲聞과 一切獨覺과 及餘一切諸菩

살중　여시개실불능사의
薩衆이 如是皆悉不能思議라

이것이 보살마하살이 '일체 법이 멸하여 없어지는 삼매에 들어가는 지혜 신통'이다.

불자들이여, 보살마하살이 이와 같은 열 가지 신통에 머무르면 일체 천인들이 사의할 수 없으며, 일체 중생이 사의할 수 없으며, 일체 성문과 일체 독각과 다른 일체 모든 보살 대중들도 이와 같이 모두 다 사의할 수 없다.

이 보살의 몸의 업이 불가사의하며, 말의 업이 불가사의하며, 뜻의 업이 불가사의하며, 삼매의 자재함이 불가사의하며, 지혜의 경계가

차보살　신업　불가사의　어업　불가사의
此菩薩의 身業이 不可思議며 語業이 不可思議며

의업　불가사의　삼매자재　불가사의　지
意業이 不可思議며 三昧自在가 不可思議며 智

혜경계　불가사의　유제제불　급유득차
慧境界가 不可思議니 唯除諸佛과 及有得此

신통보살　여무능설차인공덕　칭양찬
神通菩薩하고 餘無能說此人功德하야 稱揚讚

탄
歎이니라

불자　시위보살마하살　십종신통　약보
佛子야 是爲菩薩摩訶薩의 十種神通이니 若菩

살마하살　주차신통　실득일체삼세무애
薩摩訶薩이 住此神通하면 悉得一切三世無礙

지신통
智神通이니라

불가사의하니, 오직 모든 부처님과 이 신통을 얻은 보살들을 제외하고 나머지는 이 사람의 공덕을 설하여 칭찬하거나 찬탄할 수 없다.

불자들이여, 이것이 보살마하살의 열 가지 신통이다. 만약 보살마하살이 이 신통에 머무르면 일체 삼세에 걸림 없는 지혜 신통을 다 얻는다. ”

대방광불화엄경
제44권

29. 십인품

대방광불화엄경 권제사십사
大方廣佛華嚴經 卷第四十四

십인품 제이십구
十忍品 第二十九

이시　보현보살　고제보살언
爾時에 普賢菩薩이 告諸菩薩言하시니라

불자　보살마하살　유십종인　약득차
佛子야 菩薩摩訶薩이 有十種忍하니 若得此

인　즉득도어일체보살무애인지　일체
忍하면 則得到於一切菩薩無礙忍地하야 一切

불법　무애무진
佛法이 無礙無盡하나니라

대방광불화엄경 제44권

29. 십인품

그때에 보현 보살이 모든 보살들에게 말씀하였다.

"불자들이여, 보살마하살에게 열 가지 인이 있으니, 만약 이 인을 얻으면 곧 일체 보살의 걸림 없는 인의 지위에 이르러 일체 불법이 걸림이 없고 다함이 없다.

하자   위십
何者가 爲十고

소위음성인   순인   무생법인   여환인   여
所謂音聲忍과 順忍과 無生法忍과 如幻忍과 如

염인   여몽인   여향인   여영인   여화인
燄忍과 如夢忍과 如響忍과 如影忍과 如化忍과

여공인
如空忍이니라

차십종인   삼세제불   이설금설당설
此十種忍을 三世諸佛이 已說今說當說이시니라

불자   운하위보살마하살   음성인
佛子야 云何爲菩薩摩訶薩의 音聲忍고

무엇이 열인가?

이른바 음성의 인과, 따라주는 인과, 생멸이 없는 법의 인과, 환술 같은 인과, 아지랑이 같은 인과, 꿈 같은 인과, 메아리 같은 인과, 그림자 같은 인과, 허깨비 같은 인과, 허공 같은 인이다.

이 열 가지 인을 삼세 모든 부처님께서 이미 설하셨고 지금 설하시고 장차 설하실 것이다.

불자들이여, 어떤 것을 보살마하살의 음성의

위문제불소설지법　　불경불포불외　　심
謂聞諸佛所說之法하고 不驚不怖不畏하야 深

신오해　　애락취향　　전심억념　　수습
信悟解하며 愛樂趣向하며 專心憶念하며 修習

안주
安住니라

시명보살마하살　　제일음성인
是名菩薩摩訶薩의 第一音聲忍이니라

불자　　운하위보살마하살　　순인
佛子야 云何爲菩薩摩訶薩의 順忍고

위어제법　　사유관찰　　평등무위　　수순
謂於諸法에 思惟觀察하며 平等無違하며 隨順

43

인이라 하는가?

이른바 모든 부처님께서 설하시는 법을 듣고 놀라지 않고 무서워하지 않고 두려워하지 않으며, 깊이 믿고 깨달아 이해하며, 좋아하여 즐거이 나아가며, 오롯한 마음으로 생각하며, 닦아 익혀 편안히 머무르는 것이다.

이 이름이 보살마하살의 첫째 '음성의 인'이다.

불자들이여, 어떤 것을 보살마하살의 따라 주는 인이라 하는가?

이른바 모든 법을 사유하고 관찰하며, 평등

요지　　영심청정　　정주수습　　취입성취
了知하며 令心淸淨하며 正住修習하며 趣入成就니라

시명보살마하살　제이순인
是名菩薩摩訶薩의 第二順忍이니라

불자　운하위보살마하살　무생법인
佛子야 云何爲菩薩摩訶薩의 無生法忍고

불자　차보살마하살　불견유소법생　　역
佛子야 此菩薩摩訶薩이 不見有少法生하며　亦

불견유소법멸
不見有少法滅하나니라

하게 어김이 없으며, 수순하여 밝게 알며, 마음을 청정하게 하며, 바르게 머물러 닦아 익히며, 나아가 성취함이다.

이 이름이 보살마하살의 둘째 '따라주는 인'이다.

불자들이여, 어떤 것을 보살마하살의 생멸이 없는 법의 인이라 하는가?

불자들이여, 이 보살마하살이 조그만 법도 생겨남을 보지 않고 또한 조그만 법도 사라짐을 보지 않는다.

하 이 고   약 무 생 즉 무 멸   약 무 멸 즉 무 진
何以故오 若無生則無滅이요 若無滅則無盡이요

약 무 진 즉 이 구   약 이 구 즉 무 차 별   약 무 차
若無盡則離垢요 若離垢則無差別이요 若無差

별 즉 무 처 소   약 무 처 소 즉 적 정
別則無處所요 若無處所則寂靜이요

약 적 정 즉 이 욕   약 이 욕 즉 무 작   약 무 작
若寂靜則離欲이요 若離欲則無作이요 若無作

즉 무 원   약 무 원 즉 무 주   약 무 주 즉 무 거 무
則無願이요 若無願則無住요 若無住則無去無

래
來니라

시 명 보 살 마 하 살   제 삼 무 생 법 인
是名菩薩摩訶薩의 第三無生法忍이니라

무슨 까닭인가? 만약 생겨남이 없으면 사라짐이 없고, 만약 사라짐이 없으면 다함이 없고, 만약 다함이 없으면 때를 여의고, 만약 때를 여의면 차별이 없고, 만약 차별이 없으면 처소가 없고, 만약 처소가 없으면 적정하다.

만약 적정하면 욕심을 여의고, 만약 욕심을 여의면 지을 것이 없고, 만약 지을 것이 없으면 원함이 없고, 만약 원함이 없으면 머무름이 없고, 만약 머무름이 없으면 감도 없고 옴도 없다.

이 이름이 보살마하살의 셋째 '생멸이 없는 법의 인'이다.

불자 운하위보살마하살 여환인
佛子야 云何爲菩薩摩訶薩의 如幻忍고

불자 차보살마하살 지일체법 개실여
佛子야 此菩薩摩訶薩이 知一切法이 皆悉如

환 종인연기 어일법중 해다법 어
幻하야 從因緣起하야 於一法中에 解多法하며 於

다법중 해일법
多法中에 解一法이니라

차보살 지제법여환이 요달국토 요
此菩薩이 知諸法如幻已하야는 了達國土하며 了

달중생 요달법계 요달세간평등 요
達衆生하며 了達法界하며 了達世間平等하며 了

달불출현평등 요달삼세평등 성취종
達佛出現平等하며 了達三世平等하야 成就種

종신통변화
種神通變化하나니라

불자들이여, 어떤 것을 보살마하살의 환술 같은 인이라 하는가?

불자들이여, 이 보살마하살이 일체 법이 모두 다 환술과 같아서 인연을 좇아 일어남을 알고, 한 법에서 많은 법을 이해하며 많은 법에서 한 법을 이해한다.

이 보살이 모든 법이 환술과 같음을 알고서는 국토를 분명히 알며, 중생을 분명히 알며, 법계를 분명히 알며, 세간이 평등함을 분명히 알며, 부처님의 출현이 평등함을 분명히 알며, 삼세가 평등함을 분명히 알아서, 갖가지 신통 변화를 성취한다.

비여환　　비상비마　　비거비보　　비남비녀
譬如幻이 非象非馬며 非車非步며 非男非女며

비동남비동녀　　비수비엽　　비화비과　　비
非童男非童女며 非樹非葉이며 非華非果며 非

지비수　　비화비풍　　비주비야　　비일비
地非水며 非火非風이며 非晝非夜며 非日非

월　　비반월비일월　　비일년비백년　　비
月이며 非半月非一月이며 非一年非百年이며 非

일겁비다겁
一劫非多劫이니라

비정비란　　비순비잡　　비일비이　　비광
非定非亂이며 非純非雜이며 非一非異며 非廣

비협　　비다비소　　비량비무량　　비추
非狹이며 非多非少며 非量非無量이며 非麤

비세　　비시일체종종중물　　종종비환
非細며 非是一切種種衆物이라 種種非幻이며

비유하면 환술이 코끼리도 아니고 말도 아니며, 수레도 아니고 보행도 아니며, 남자도 아니고 여자도 아니며, 동남도 아니고 동녀도 아니며, 나무도 아니고 잎도 아니며, 꽃도 아니고 열매도 아니며, 땅도 아니고 물도 아니며, 불도 아니고 바람도 아니며, 낮도 아니고 밤도 아니며, 해도 아니고 달도 아니다. 반달도 아니고 한 달도 아니며, 일 년도 아니고 백 년도 아니며, 한 겁도 아니고 많은 겁도 아니다.

선정도 아니고 산란함도 아니며, 순수함도 아니고 섞임도 아니며, 하나도 아니고 다른 것도 아니며, 넓은 것도 아니고 좁은 것도 아니

환비종종　　연유환고　　시현종종차별지
幻非種種_{이로대} 然由幻故_로 示現種種差別之

사
事_{인달하니라}

보살마하살　　역부여시　　관일체세간여
菩薩摩訶薩_도 亦復如是_{하야} 觀一切世間如

환
幻_{하나니라}

소위업세간　　번뇌세간　　국토세간　　법세간
所謂業世間_과 煩惱世間_과 國土世間_과 法世間_과

시세간　　취세간　　성세간　　괴세간　　운동세
時世間_과 趣世間_과 成世間_과 壞世間_과 運動世

간　조작세간
間_과 造作世間_{이니라}

며, 많은 것도 아니고 적은 것도 아니며, 한량 있는 것도 아니고 하량없는 것도 아니며, 거친 것도 아니고 미세한 것도 아니며 이 일체 갖가지 온갖 물건도 아니다. 갖가지 것 환술이 아니고 환술도 갖가지 것이 아니지만, 그러나 환술을 말미암은 까닭으로 갖가지 차별한 일을 나타내 보이는 것과 같다.

보살마하살도 또한 다시 이와 같아서, 일체 세간이 환술과 같음을 관한다.

이른바 업의 세간과 번뇌의 세간과 국토의 세간과 법의 세간과 시간의 세간과 갈래의 세간과 이루는 세간과 무너지는 세간과 운동하

보살마하살　관일체세간여환시　불견중
菩薩摩訶薩이 觀一切世間如幻時에 不見衆

생생　　불견중생멸　　불견국토생　　불견
生生하며 不見衆生滅하며 不見國土生하며 不見

국토멸　불견제법생　불견제법멸
國土滅하며 不見諸法生하며 不見諸法滅하나니라

불견과거가분별　　불견미래유기작　불
不見過去可分別하며 不見未來有起作하며 不

견현재일념주　불관찰보리　불분별보
見現在一念住하며 不觀察菩提하며 不分別菩

리　불견불출현　불견불열반　불견주
提하며 不見佛出現하며 不見佛涅槃하며 不見住

대원　불견입정주　불출평등성
大願하며 不見入正住하야 不出平等性이니라

는 세간과 만드는 세간이다.

　보살마하살이 일체 세간이 환술과 같음을 관찰할 때에 중생들이 생겨남을 보지 않고 중생들이 사라짐을 보지 않으며, 국토가 생겨남을 보지 않고 국토가 사라짐을 보지 않으며, 모든 법이 생겨남을 보지 않고 모든 법이 사라짐을 보지 않는다.

　과거가 분별할 수 있음을 보지 않고, 미래가 일어남이 있음을 보지 않고, 현재가 한 생각에 머무름을 보지 않고, 보리를 관찰하지 않고, 보리를 분별하지 않고, 부처님께서 출현하

시보살　　수성취불국토　　지국토무차별
是菩薩이　雖成就佛國土나　知國土無差別하며

수성취중생계　　지중생무차별　　수보관법
雖成就衆生界나　知衆生無差別하며　雖普觀法

계　　이안주법성　　적연부동　　수달삼세
界나　而安住法性하야　寂然不動하며　雖達三世

평등　　이불위분별삼세법　　수성취온처
平等이나　而不違分別三世法하며　雖成就蘊處나

이영단소의　　수도탈중생　　이요지법계
而永斷所依하며　雖度脫衆生이나　而了知法界

평등　　무종종차별
平等하야　無種種差別하니라

수지일체법　　원리문자　　불가언설　　이
雖知一切法이　遠離文字하야　不可言說이나　而

상설법　　변재무진　　수불취착화중생사
常說法하야　辯才無盡하며　雖不取著化衆生事나

심을 보지 않고, 부처님께서 열반하심을 보지 않고, 큰 서원에 머무름을 보지 않고, 바른 머무름에 들어감을 보지 아니하여, 평등한 성품에서 벗어나지 않는다.

이 보살이 비록 부처님 국토를 성취하나 국토가 차별 없음을 알며, 비록 중생계를 성취하나 중생들이 차별 없음을 알며, 비록 법계를 널리 관찰하나 법의 성품에 편안히 머물러서 고요하고 흔들리지 않으며, 비록 삼세가 평등함을 통달하나 삼세의 법을 분별하는 데 어기지 않으며, 비록 온과 처를 성취하나 의지할

이불사대비　　　위도일체　　　전어법륜　　　수
而不捨大悲하고　爲度一切하야　轉於法輪하며　雖

위개시과거인연　　　이지인연성　　　무유동
爲開示過去因緣이나　而知因緣性이　無有動

전
轉하나니라

시명보살마하살　　　제사여환인
是名菩薩摩訶薩의　第四如幻忍이니라

바를 길이 끊었으며, 비록 중생들을 제도하여 해탈시키나 법계가 평등하여 갖가지 차별이 없음을 분명히 안다.

비록 일체 법이 문자를 멀리 여의어서 말할 수 없음을 알지만 항상 법을 설하여 변재가 다함이 없으며, 비록 중생들을 교화하는 일에 집착하지 않으나 대비를 버리지 않고 일체를 제도하기 위하여 법륜을 굴리며, 비록 과거의 인연을 열어 보이지만 인연의 성품은 흔들림이 없음을 안다.

이 이름이 보살마하살의 넷째 '환술 같은 인'이다.

불자　운하위보살마하살　여염인
佛子야 云何爲菩薩摩訶薩의 如燄忍고

불자　차보살마하살　지일체세간　동어양
佛子야 此菩薩摩訶薩이 知一切世閒이 同於陽

염
燄하나니라

비여양염　무유방소　비내비외　비유비
譬如陽燄이 無有方所하야 非內非外며 非有非

무　비단비상　비일색비종종색　역비
無며 非斷非常이며 非一色非種種色이며 亦非

무색　단수세간언설현시
無色이로대 但隨世閒言說顯示인달하니라

보살　여시　여실관찰　요지제법　현
菩薩도 如是하야 如實觀察하야 了知諸法하고 現

증일체　영득원만
證一切하야 令得圓滿하나니라

불자들이여, 어떤 것을 보살마하살의 아지랑이 같은 인이라 하는가?

불자들이여, 이 보살마하살이 일체 세간이 아지랑이와 같음을 안다.

비유하면 아지랑이는 방소가 없어서 안도 아니고 바깥도 아니며, 있는 것도 아니고 없는 것도 아니며, 끊어짐도 아니고 항상함도 아니며, 한 색도 아니고 갖가지 색도 아니며, 또한 색이 없는 것도 아니나, 단지 세간의 말을 따라서 나타내 보이는 것과 같다.

보살도 이와 같아서 실상과 같이 관찰하여 모든 법을 밝게 알고 일체를 환히 증득하여

시명보살마하살　제오여염인
是名菩薩摩訶薩의 第五如燄忍이니라

불자　운하위보살마하살　여몽인
佛子야 云何爲菩薩摩訶薩의 如夢忍고

불자　차보살마하살　지일체세간　여
佛子야 此菩薩摩訶薩이 知一切世間이 如

몽
夢하나니라

비여몽　비세간비이세간　비욕계　비색
譬如夢이 非世間非離世間이며 非欲界며 非色

계　비무색계　비생비몰　비염비정
界며 非無色界며 非生非沒이며 非染非淨이로대

원만함을 얻게 한다.

이 이름이 보살마하살의 다섯째 '아지랑이 같은 인'이다.

불자들이여, 어떤 것을 보살마하살의 꿈 같은 인이라 하는가?

불자들이여, 이 보살마하살이 일체 세간이 꿈과 같음을 안다.

비유하면 꿈은 세간도 아니고 세간을 떠난 것도 아니며, 욕계도 아니고 색계도 아니고 무색계도 아니며, 생겨나는 것도 아니고 없어지

이유시현
而有示現인달하나라

보살마하살　　역부여시　　지일체세간　　실
菩薩摩訶薩도　亦復如是하야　知一切世間이　悉

동어몽
同於夢하나니라

무유변이고　　여몽자성고　　여몽집착고　　여
無有變異故며　如夢自性故며　如夢執著故며　如

몽성리고　　여몽본성고　　여몽소현고　　여몽
夢性離故며　如夢本性故며　如夢所現故며　如夢

무차별고　　여몽상분별고　　여몽교시고
無差別故며　如夢想分別故며　如夢覺時故니라

시명보살마하살　　제육여몽인
是名菩薩摩訶薩의　第六如夢忍이니라

는 것도 아니며, 물든 것도 아니고 깨끗한 것도 아니지만 나타내 보임이 있는 것과 같다.

보살마하살도 또한 다시 이와 같아서, 일체 세간이 모두 꿈과 같음을 안다.

변하여 달라짐이 없는 까닭이며, 꿈의 자성과 같은 까닭이며, 꿈의 집착과 같은 까닭이며, 꿈의 성품을 여읜 것과 같은 까닭이며, 꿈의 본 성품과 같은 까닭이며, 꿈에 나타나는 것과 같은 까닭이며, 꿈이 차별이 없음과 같은 까닭이며, 꿈이 생각으로 분별함과 같은 까닭이며, 꿈이 깨었을 때와 같은 까닭이다.

이 이름이 보살마하살의 여섯째 '꿈 같은 인'

불자 운하위보살마하살 여향인
佛子야 云何爲菩薩摩訶薩의 如響忍고

불자 차보살마하살 문불설법 관제법
佛子야 此菩薩摩訶薩이 聞佛說法하고 觀諸法

성 수학성취 도어피안
性하야 修學成就하야 到於彼岸하나라

지일체음성 실동어향 무래무거 여시
知一切音聲이 悉同於響하야 無來無去나 如是

시현
示現이니라

불자 차보살마하살 관여래성 부종내
佛子야 此菩薩摩訶薩이 觀如來聲이 不從內

출 부종외출 역부종어내외이출 수
出하며 不從外出하며 亦不從於內外而出하야 雖

요차성 비내비외 비내외출 이능시현
了此聲이 非內非外며 非內外出이나 而能示現

이다.

　불자들이여, 어떤 것을 보살마하살의 메아리 같은 인이라 하는가?

　불자들이여, 이 보살마하살이 부처님의 설법을 듣고 모든 법의 성품을 관찰하여 닦고 배워서 성취하여 피안에 이른다.

　일체 음성이 모두 메아리 같아서 옴도 없고 감도 없음을 알고 이와 같이 나타내 보인다.

　불자들이여, 이 보살마하살이 여래의 음성이 안에서 나는 것도 아니고 밖에서 나는 것도 아

선교명구　　성취연설
善巧名句하야　成就演說하나니라

비여곡향　　종연소기　　이여법성　　무유
譬如谷響이　從緣所起하야　而與法性으로　無有

상위　　영제중생　　수류각해　　이득수
相違하고　令諸衆生으로　隨類各解하야　而得修

학　　여제석부인　　아수라녀　　명왈사지
學하며　如帝釋夫人인　阿脩羅女를　名曰舍支라

어일음중　　출천종음　　역불심념　　영여
於一音中에　出千種音호대　亦不心念하고　令如

시출
是出인달하니라

보살마하살　　역부여시　　입무분별계
菩薩摩訶薩도　亦復如是하야　入無分別界하야

니며 또한 안팎에서 나는 것도 아님을 관찰하여, 비록 이 음성이 안도 아니고 밖도 아니고 안팎에서 나는 것도 아님을 알지만 교묘한 이름과 구절을 능히 나타내 보여 연설을 성취한다.

비유하면 골짜기의 메아리가 연을 좇아 일어나는 것이지만 법의 성품과 더불어 서로 어기지 아니하고, 모든 중생들로 하여금 부류를 따라 각각 이해하고 닦아 배우게 하는 것과 같다. 마치 제석천왕의 부인인 아수라의 딸은 이름을 '사지'라고 하는데, 하나의 음성에서 천 가지 소리를 내지만 또한 마음으로 생각하

성취선교수류지음   어무변세계중   항전
成就善巧隨類之音하야 於無邊世界中에 恒轉

법륜
法輪이니라

차보살   선능관찰일체중생   이광장설
此菩薩이 善能觀察一切衆生하야 以廣長舌

상   이위연설   기성   무애   변시방
相으로 而爲演說호대 其聲이 無礙하야 徧十方

토   영수소의   문법각이
土하야 令隨所冝하야 聞法各異라

수지성무기   이보현음성   수지무소설
雖知聲無起나 而普現音聲하며 雖知無所說이나

이광설제법   묘음평등   수류각해   실
而廣說諸法하며 妙音平等이나 隨類各解하야 悉

지 않고 이와 같이 내게 하는 것과 같다.

보살마하살도 또한 다시 이와 같아서, 분별이 없는 경계에 들어가 매우 교묘하게 부류를 따르는 소리를 성취하여 가없는 세계에서 법륜을 항상 굴린다.

이 보살이 일체 중생을 능히 잘 관찰하고 넓고 긴 혀로 연설하니, 그 음성이 걸림이 없어 시방국토에 두루하여 마땅함을 따라 법을 들음이 각각 다르게 한다.

비록 음성이 일어남이 없음을 알지만 음성을 널리 나타내며, 비록 말할 것이 없음을 알지만

이지혜　　이능요달
以智慧로 而能了達하나니라

시명보살마하살　　제칠여향인
是名菩薩摩訶薩의 第七如響忍이니라

불자　　운하위보살마하살　　여영인
佛子야 云何爲菩薩摩訶薩의 如影忍고

불자　　차보살마하살　　비어세간생　　비어
佛子야 此菩薩摩訶薩이 非於世間生이며 非於

세간몰　　비재세간내　　비재세간외　　비행
世間沒이며 非在世間內며 非在世間外며 非行

어세간　　비불행세간　　비동어세간　　비
於世間이며 非不行世間이며 非同於世間이며 非

모든 법을 널리 설하며, 묘한 소리가 평등하지만 부류를 따라 각각 이해하니, 모두 지혜로써 능히 분명하게 안다.

이 이름이 보살마하살의 일곱째 '메아리 같은 인'이다.

불자들이여, 어떤 것을 보살마하살의 그림자 같은 인이라 하는가?

불자들이여, 이 보살마하살이 세간에 나는 것도 아니고 세간에서 없어지는 것도 아니며, 세간 안에 있는 것도 아니고 세간 밖에 있는

이 어 세 간
異於世間이니라

비왕어세간　　비불왕세간　　비주어세간
非往於世間이며 非不往世間이며 非住於世間이며

비부주세간　　비시세간　　비출세간
非不住世間이며 非是世間이며 非出世間이니라

비수보살행　　비사어대원　　비실비불실
非修菩薩行이며 非捨於大願이며 非實非不實이니라

수상행일체불법　　이능판일체세간사
雖常行一切佛法이나 而能辨一切世間事하며

불수세간류　　역부주법류
不隨世間流하고 亦不住法流하나니라

것도 아니며, 세간에 다니는 것도 아니고 세간에 다니지 않는 것도 아니며, 세간과 같지도 않고 세간과 다르지도 않다.

세간에 가지도 않고 세간에 가지 않음도 아니며, 세간에 머무르지도 않고 세간에 머무르지 않음도 아니며, 세간도 아니고 출세간도 아니다.

보살의 행을 닦음도 아니고 큰 서원을 버림도 아니며, 진실함도 아니고 진실하지 않음도 아니다.

비록 일체 부처님의 법을 항상 행하면서도 일체 세간 일에 능히 힘쓰며, 세간 흐름을 따르지도 않고 또한 법의 흐름에 머무르지도 않는다.

비여일월남자여인사택산림하천등물 　어
譬如日月男子女人舍宅山林河泉等物이 於

유어수　어신어보　어명경등청정물중　이
油於水와 於身於寶와 於明鏡等清淨物中에 而

현기영　　영여유등　비일비이　　비이비
現其影이나 影與油等이 非一非異며 非離非

합　　어천류중　역불표도　　어지정내
合이라 於川流中에 亦不漂度하며 於池井內에

역불침몰　수현기중　무소염착
亦不沈沒하야 雖現其中이나 無所染著이니라

연제중생　지어차처　유시영현　　역지피
然諸衆生이 知於此處에 有是影現하고 亦知彼

처　무여시영　원물근물　수개영현
處에 無如是影하나니 遠物近物이 雖皆影現이나

영불수물　이유근원
影不隨物하야 而有近遠인달하니라

비유하면 해와 달과 남자와 여인과 집과 산과 숲과 강과 샘물 등의 만물이 기름에나 물과 몸과 보배와 밝은 거울 등의 청정한 물상에 그 그림자를 나타내지만, 그림자가 기름 등과 하나도 아니고 다른 것도 아니다. 여읨도 아니고 합함도 아니며, 흐르는 강에 또한 떠내려가지도 않으며, 못이나 우물 속에 또한 가라앉지도 않으며, 비록 그 속에 나타나지만 물들어 집착하는 바가 없다.

그러나 모든 중생들은 이곳에 이 그림자가 나타나 있는 줄 알고, 또한 저곳에 이와 같은 그림자가 없는 줄 알지만, 먼 곳의 물상과 가까운

보살마하살　역부여시　능지자신　급이
菩薩摩訶薩도 亦復如是하야 能知自身과 及以

타신　일체개시지지경계　부작이해
他身이 一切皆是智之境界하야 不作二解하야

위자타별　이어자국토　어타국토　각각
謂自他別이나 而於自國土와 於他國土에 各各

차별　일시보현
差別하야 一時普現하나니라

여종자중　무유근아경절지엽　이능생기
如種子中에 無有根芽莖節枝葉호대 而能生起

여시등사　보살마하살　역부여시
如是等事인달하야 菩薩摩訶薩도 亦復如是하야

어무이법중　분별이상　선교방편　통
於無二法中에 分別二相하야 善巧方便으로 通

달무애
達無礙하나니라

곳의 물상이 비록 다 그림자가 나타나나 그림자는 물상을 따라 가깝거나 멀지 않음과 같다.

보살마하살도 또한 다시 이와 같아서, 자기 몸과 그리고 다른 이의 몸이 일체 모두 지혜의 경계임을 능히 알아서 두 가지 이해를 지어 자기와 남이 다르다고 하지 않지만, 자기의 국토와 다른 이의 국토에 각각 차별하게 일시에 널리 나타난다.

마치 종자 속에는 뿌리와 싹과 줄기와 마디와 가지와 잎이 없지만 이와 같은 등의 일을 능히 내는 것과 같다. 보살마하살도 또한 다시 이와 같아서, 둘이 없는 법 가운데 두 가지 모양을 분

시명보살마하살　제팔여영인
是名菩薩摩訶薩의 第八如影忍이니라

보살마하살　성취차인　수불왕예시방국
菩薩摩訶薩이 成就此忍에 雖不往詣十方國

토　이능보현일체불찰　역불리차　　역
土나 而能普現一切佛刹하야 亦不離此하며 亦

부도피
不到彼하나라

여영보현　소행무애　영제중생　견차
如影普現하야 所行無礙하야 令諸衆生으로 見差

별신　동어세간견실지상　연차차별　즉
別身이 同於世間堅實之相이나 然此差別이 即

비차별　별여불별　무소장애
非差別이라 別與不別이 無所障礙하나니라

별하며 교묘한 방편으로 통달하여 걸림이 없다.

이 이름이 보살마하살의 여덟째 '그림자 같은 인'이다.

보살마하살이 이 인을 성취하면 비록 시방국토에 가지 않으나 능히 일체 부처님 세계에 널리 나타나되 또한 여기를 떠나지도 않고 또한 저기에 이르지도 않는다.

그림자가 널리 나타나듯이 가는 곳마다 걸림이 없으며, 모든 중생들로 하여금 차별한 몸이 세간의 굳고 진실한 모양과 같음을 보게 하지만, 그러나 이 차별도 곧 차별이 아니니, 다름

차보살   종어여래종성이생   신어급의
此菩薩이 從於如來種性而生하야 身語及意가

청정무애   고능획득무변색상청정지신
淸淨無礙일새 故能獲得無邊色相淸淨之身이니라

불자   운하위보살마하살   여화인
佛子야 云何爲菩薩摩訶薩의 如化忍고

불자   차보살마하살   지일체세간   개실여
佛子야 此菩薩摩訶薩이 知一切世間이 皆悉如

화
化하나니라

소위일체중생의업화   각상소기고   일체
所謂一切衆生意業化니 覺想所起故며 一切

과 다르지 않음이 장애하는 바가 없다.

　이 보살이 여래의 종성으로부터 나서 몸과 말과 그리고 뜻이 청정하여 걸림이 없는 까닭으로 능히 가없는 색상의 청정한 몸을 얻는다.

　불자들이여, 어떤 것을 보살마하살의 허깨비 같은 인이라 하는가?

　불자들이여, 이 보살마하살이 일체 세간이 모두 다 허깨비 같음을 안다.

　이른바 일체 중생의 의업이 허깨비이니 지각하는 생각으로 생긴 까닭이며, 일체 세간의 모

세간제행화　분별소기고　일체고락전도
世間諸行化니 分別所起故며 一切苦樂顚倒

화　망취소기고　일체세간불실법화　언설
化니 妄取所起故며 一切世間不實法化니 言說

소현고
所現故니라

일체번뇌분별화　상념소기고　부유청정
一切煩惱分別化니 想念所起故며 復有淸淨

조복화　무분별소현고　어삼세부전화
調伏化하니 無分別所現故며 於三世不轉化니

무생평등고
無生平等故니라

보살원력화　광대수행고　여래대비화　방
菩薩願力化니 廣大修行故며 如來大悲化니 方

편시현고　전법륜방편화　지혜무외변재
便示現故며 轉法輪方便化니 智慧無畏辯才

든 행이 허깨비이니 분별로 생긴 까닭이며, 일체 괴로움과 즐거움이 뒤바뀐 것이 허깨비이니 허망한 취착으로 생긴 까닭이며, 일체 세간의 진실하지 아니한 법이 허깨비이니 언설로 나타난 까닭이다.

일체 번뇌로 분별함이 허깨비이니 생각으로 생긴 까닭이며, 또 청정하게 조복함이 허깨비이니 분별 없이 나타난 까닭이며, 삼세에 변하지 않음이 허깨비이니 남이 없이 평등한 까닭이다.

보살의 원력이 허깨비이니 광대하게 수행하는 까닭이며, 여래의 대비가 허깨비이니 방편으로 나타내 보이는 까닭이며, 법륜을 굴리는

소설고
所說故니라

보살　여시요지세간출세간화　현증지　광
菩薩이 **如是了知世間出世間化**하야 **現證知**하며 **廣**

대지　무변지　여사지　자재지　진
大知하며 **無邊知**하며 **如事知**하며 **自在知**하며 **眞**

실지　비허망견　소능경동　수세소행
實知하야 **非虛妄見**의 **所能傾動**이라 **隨世所行**호대

역불실괴
亦不失壞하나니라

비여화　부종심기　부종심법기　부종업
譬如化가 **不從心起**며 **不從心法起**며 **不從業**

기　불수과보
起며 **不受果報**니라

방편이 허깨비이니 지혜와 두려움 없음과 변재로 설하는 까닭이다.

보살이 이와 같이 세간과 출세간이 허깨비임을 밝게 안다. 눈 앞에 증명하여 알고, 광대하게 알고, 가없이 알고, 사실대로 알고, 자재하게 알고, 진실하게 알아서 허망한 소견으로 흔들 수 없으며, 세상을 따라서 행하여도 또한 잘못되지 않는다.

비유하면 허깨비는 마음으로 생긴 것도 아니고 마음의 법으로 생긴 것도 아니며, 업으로 생긴 것도 아니고 과보를 받는 것도 아니다.

비세간생　　비세간멸　　불가수축　　불가
非世間生이며　非世間滅이며　不可隨逐이며　不可

람촉　　비구주　　비수유주
攣觸이며　非久住며　非須臾住니라

비행세간　　비리세간　　부전계일방　　불
非行世間이며　非離世間이며　不專繫一方이며　不

보속제방　　비유량　　비무량
普屬諸方이며　非有量이며　非無量이니라

불염불식　　비불염식　　비범비성　　비염
不厭不息이며　非不厭息이며　非凡非聖이며　非染

비정　　비생비사　　비지비우　　비견비불
非淨이며　非生非死며　非智非愚며　非見非不

견
見이니라

비의세간　　비입법계　　비힐혜　　비지둔
非依世間이며　非入法界며　非黠慧며　非遲鈍이며

세간에서 나는 것도 아니고 세간에서 사라지는 것도 아니며, 따라 쫓을 수도 없고 붙잡고 만질 수도 없으며, 오래 머무르는 것도 아니고 잠깐 머무르는 것도 아니다.

세간에 다니지도 않고 세간을 떠나지도 않으며, 오로지 한 방향에 얽매이지도 않고 널리 모든 방향에 속하지도 않으며, 한량있는 것도 아니고 한량없는 것도 아니다.

싫어하지도 않고 쉬지도 않고 싫어해 쉬지 않는 것도 아니며, 범부도 아니고 성인도 아니며, 물들지도 않고 깨끗하지도 않으며, 태어나지도 않고 죽지도 않으며, 지혜롭지도 않고 어

비취비불취　　비생사비열반　　비유비무
非取非不取며 非生死非涅槃이며 非有非無

유
有인달하니라

보살　　여시　　선교방편　　행어세간　　수
菩薩도 如是하야 善巧方便으로 行於世間하야 修

보살도　　요지세법　　분신화왕　　불착세
菩薩道하야 了知世法하야 分身化往호대 不著世

간　　불취자신　　어세어신　　무소분별
間하고 不取自身하야 於世於身에 無所分別하며

부주세간　　불리세간　　부주어법　　불리
不住世間하고 不離世間하며 不住於法하고 不離

어법
於法하니라

리석지도 않으며, 보는 것도 아니고 보지 않는 것도 아니다.

세간에 의지함도 아니고 법계에 들어감도 아니며, 영리하지도 않고 우둔하지도 않으며, 취착하지도 않고 취착하지 않는 것도 아니며, 생사도 아니고 열반도 아니며, 있는 것도 아니고 있지 않은 것도 아님과 같다.

보살도 이와 같아서 교묘한 방편으로 세간에 다니면서 보살의 도를 닦아 세간의 법을 분명하게 알고, 몸을 나누어 변화하여 가지만 세간에 집착하지도 않고 자기의 몸을 취착하지

이본원고   불기사일중생계   부조복소중
以本願故로 不棄捨一衆生界하며 不調伏少衆

생계   불분별법   비불분별   지제법
生界하며 不分別法호대 非不分別이며 知諸法

성   무래무거   수무소유   이만족불법
性이 無來無去하야 雖無所有나 而滿足佛法하며

요법여화   비유비무
了法如化하야 非有非無니라

불자   보살마하살   여시안주여화인시   실
佛子야 菩薩摩訶薩이 如是安住如化忍時에 悉

능만족일체제불보리지도   이익중생
能滿足一切諸佛菩提之道하야 利益衆生하나니라

시명보살마하살   제구여화인
是名菩薩摩訶薩의 第九如化忍이니라

도 않으며, 세간과 몸에 대하여 분별하는 바가

없으며, 세간에 머무르지도 않고 세간을 떠나

지도 않으며, 법에 머무르지도 않고 법을 떠나

지도 않는다.

본래의 서원인 까닭으로 한 중생계를 버리지

않고 조그만 중생계를 조복하지도 않으며, 법

을 분별하지도 않고 분별하지 않음도 아니며,

모든 법의 성품이 옴도 없고 감도 없음을 안

다. 비록 있는 바가 없으나 불법을 만족하며,

법이 허깨비와 같아서 있는 것도 아니고 없는

것도 아님을 안다.

불자들이여, 보살마하살이 이와 같이 허깨비

보살마하살　성취차인　범유소작　실동
菩薩摩訶薩이 成就此忍하면 凡有所作이 悉同

어화
於化하나니라

비여화사　어일체불찰　무소의주　어
譬如化士하야 於一切佛刹에 無所依住하며 於

일체세간　무소취착　어일체불법　불생
一切世間에 無所取著하며 於一切佛法에 不生

분별　이취불보리　무유해권　수보살
分別호대 而趣佛菩提하야 無有懈倦하며 修菩薩

행　이제전도
行하야 離諸顚倒하나니라

수무유신　이현일체신　수무소주　이
雖無有身이나 而現一切身하며 雖無所住나 而

주중국토　수무유색　이보현중색　수
住衆國土하며 雖無有色이나 而普現衆色하며 雖

같은 인에 편안히 머무를 때에 일체 모든 부처

님의 보리도를 다 능히 원만히 구족하여 중생

을 이익하게 한다.

　이 이름이 보살마하살의 아홉째 '허깨비 같

은 인'이다.

　보살마하살이 이 인을 성취하면 모든 짓는

바가 다 허깨비와 같다.

　비유하면 변화된 보살과 같이 일체 부처님 세

계에 의지하여 머무르는 바가 없고, 일체 세간

에 취착하는 바가 없고, 일체 불법에 분별을 내

지 않으나 부처님 보리에 나아감에 게으름이

불착실제　이명조법성평등원만
不著實際나 而明照法性平等圓滿이니라

불자　차보살마하살　어일체법　무소의
佛子야 此菩薩摩訶薩이 於一切法에 無所依

지　명해탈자　일체과실　실개사리　명
止일새 名解脫者며 一切過失을 悉皆捨離일새 名

조복자　부동부전　보입일체여래중회
調伏者며 不動不轉하고 普入一切如來衆會일새

명신통자　어무생법　이득선교　명무퇴
名神通者며 於無生法에 已得善巧일새 名無退

자　구일체력　수미철위　불능위장
者며 具一切力하야 須彌鐵圍가 不能爲障일새

명무애자
名無礙者니라

없고, 보살의 행을 닦아 모든 뒤바뀜을 여읜다.

비록 몸이 없으나 일체 몸을 나타내고, 비록 머무르는 바가 없으나 온갖 국토에 머무르며, 비록 색이 없으나 온갖 색을 널리 나타내며, 비록 실제에 집착하지 않으나 법성이 평등하여 원만함을 밝게 비춘다.

불자들이여, 이 보살마하살이 일체 법에 의지하는 바가 없으므로 해탈한 자라 이름하고, 일체 과실을 모두 다 버렸으므로 조복한 자라 이름하고, 움직이지도 않고 옮기지도 않으면서 일체 여래의 대중모임에 두루 들어가므로 신통한 자라 이름하고, 남이 없는 법에 이미 선

불자 운하위보살마하살 여공인
佛子야 云何爲菩薩摩訶薩의 如空忍고

불자 차보살마하살 요일체법계 유여허
佛子야 此菩薩摩訶薩이 了一切法界가 猶如虛

공 이무상고 일체세계 유여허공 이
空이니 以無相故며 一切世界가 猶如虛空이니 以

무기고
無起故니라

일체법 유여허공 이무이고 일체중생
一切法이 猶如虛空이니 以無二故며 一切衆生

행 유여허공 무소행고 일체불 유여
行이 猶如虛空이니 無所行故며 一切佛이 猶如

허공 무분별고 일체불력 유여허공
虛空이니 無分別故며 一切佛力이 猶如虛空이니

무차별고
無差別故니라

교를 얻었으므로 물러남이 없는 자라 이름하고, 일체 힘을 갖추어 수미산과 철위산이 장애하지 못하므로 걸림 없는 자라 이름한다.

불자들이여, 어떤 것을 보살마하살의 허공 같은 인이라 하는가?

불자들이여, 이 보살마하살이 일체 법계가 마치 허공과 같음을 아니 모양이 없는 까닭이며, 일체 세계가 마치 허공과 같으니 일어남이 없는 까닭이다.

일체 법이 마치 허공과 같으니 둘이 없는 까

일체선정　유여허공　삼제평등고　소설
一切禪定이 猶如虛空이니 三際平等故며 所說

일체법　유여허공　불가언설고　일체불
一切法이 猶如虛空이니 不可言說故며 一切佛

신　유여허공　무착무애고
身이 猶如虛空이니 無著無礙故니라

보살　여시이여허공방편　요일체법　개
菩薩이 如是以如虛空方便으로 了一切法이 皆

무소유
無所有니라

불자　보살마하살　이여허공인지　요일체
佛子야 菩薩摩訶薩이 以如虛空忍智로 了一切

법시　득여허공신신업　득여허공어어
法時에 得如虛空身身業하며 得如虛空語語

업　득여허공의의업
業하며 得如虛空意意業하나니라

닭이며, 일체 중생의 행이 마치 허공과 같으니 행할 바가 없는 까닭이며, 일체 부처님이 마치 허공과 같으니 분별이 없는 까닭이며, 일체 부처님의 힘이 마치 허공과 같으니 차별이 없는 까닭이다.

일체 선정이 마치 허공과 같으니 세 시절이 평등한 까닭이며, 일체 법을 설한 것이 마치 허공과 같으니 말할 수 없는 까닭이며, 일체 부처님 몸이 마치 허공과 같으니 집착도 없고 걸림도 없는 까닭이다.

보살이 이와 같이 허공과 같은 방편으로 일체 법이 모두 있는 바가 없는 줄을 안다.

비여허공　일체법의　불생불몰　　　보살
譬如虛空이　一切法依라　不生不歿인달하야　菩薩

마하살　　역부여시　　일체법신　불생불
摩訶薩도　亦復如是하야　一切法身이　不生不

몰
歿하니라

비여허공　불가파괴　　　보살마하살　　역
譬如虛空이　不可破壞인달하야　菩薩摩訶薩도　亦

부여시　　지혜제력　불가파괴
復如是하야　智慧諸力을　不可破壞하니라

비여허공　일체세간지소의지　　이무소
譬如虛空이　一切世間之所依止로대　而無所

의　　　　보살마하살　　역부여시　　일체제
依인달하야　菩薩摩訶薩도　亦復如是하야　一切諸

법지소의지　　이무소의
法之所依止로대　而無所依하니라

불자들이여, 보살마하살이 허공과 같은 인의 지혜로 일체 법을 알 때에 허공 같은 몸과 몸의 업을 얻으며, 허공 같은 말과 말의 업을 얻으며, 허공 같은 뜻과 뜻의 업을 얻는다.

비유하면 허공에 일체 법이 의지하되 나지도 않고 사라지지도 않듯이, 보살마하살도 또한 다시 이와 같아서, 일체 법의 몸이 나지도 않고 사라지지도 않는다.

비유하면 허공을 파괴할 수 없듯이, 보살마하살도 또한 다시 이와 같아서, 지혜의 모든 힘을 파괴할 수 없다.

비여허공　　무생무멸　　　능지일체세간
譬如虛空이　無生無滅호대　能持一切世間

생멸　　　　　보살마하살　　역부여시　　　무
生滅인달하야　菩薩摩訶薩도　亦復如是하야　無

향무득　　　능시향득　　　보사세간　　　수행청
向無得호대　能示向得하야　普使世間으로　修行清

정
淨하니라

비여허공　　무방무우　　　이능현현무변방
譬如虛空이　無方無隅호대　而能顯現無邊方

우　　　　　보살마하살　　역부여시　　무업무
隅인달하야　菩薩摩訶薩도　亦復如是하야　無業無

보　　　이능현시종종업보
報호대　而能顯示種種業報하니라

비여허공　　비행비주　　　이능시현종종위
譬如虛空이　非行非住로대　而能示現種種威

비유하면 허공이 일체 세간의 의지하는 바이지만 의지할 바가 없듯이, 보살마하살도 또한 다시 이와 같아서, 일체 모든 법의 의지하는 바이지만 의지할 바가 없다.

비유하면 허공이 나지도 않고 없어지지도 않으나 일체 세간의 나고 없어짐을 능히 유지하듯이, 보살마하살도 또한 다시 이와 같아서, 향함도 없고 얻음도 없으나 향하고 얻음을 능히 보이어 널리 세간으로 하여금 수행이 청정하게 한다.

비유하면 허공이 방위도 없고 모퉁이도 없으나 가없는 방위와 모퉁이를 능히 나타내듯이,

의   보살마하살   역부여시   비행비
儀인달하야 菩薩摩訶薩도 亦復如是하야 非行非

주   이능분별일체제행
住로대 而能分別一切諸行하니라

비여허공   비색비비색   이능시현종
譬如虛空이 非色非非色이로대 而能示現種

종제색   보살마하살   역부여시
種諸色인달하야 菩薩摩訶薩도 亦復如是하야

비세간색비출세간색   이능시현일체제
非世間色非出世間色이로대 而能示現一切諸

색
色하니라

비여허공   비구비근   이능구주   현일
譬如虛空이 非久非近이로대 而能久住하야 現一

체물   보살마하살   역부여시   비구
切物인달하야 菩薩摩訶薩도 亦復如是하야 非久

보살마하살도 또한 다시 이와 같아서, 업도 없고 과보도 없으나 갖가지 업과 과보를 능히 나타내 보인다.

비유하면 허공이 다니는 것도 아니고 머무르는 것도 아니나 갖가지 위의를 능히 나타내 보이듯이, 보살마하살도 또한 다시 이와 같아서, 다니는 것도 아니고 머무르는 것도 아니나 일체 모든 행을 능히 분별한다.

비유하면 허공이 색도 아니고 색 아님도 아니나 갖가지 모든 색을 나타내 보이듯이, 보살마하살도 또한 다시 이와 같아서, 세간의 색도 아니고 출세간의 색도 아니나 일체 모든 색을

비근　　　이능구주　　　현시보살　　소 행 제
非近이로대 而能久住하야 顯示菩薩의 所行諸

행
行하니라

비여허공　　비정비예　　　불리정예　　　　보
譬如虛空이 非淨非穢로대 不離淨穢인달하야　菩

살마하살　　역부여시　　　비장비무장　　　불
薩摩訶薩도 亦復如是하야 非障非無障이로대　不

리장무장
離障無障하니라

비여허공　　일체세간　　개현기전　　　비현일
譬如虛空이 一切世間은 皆現其前호대 非現一

체세간지전　　　　보살마하살　　역부여시
切世間之前인달하야 菩薩摩訶薩도 亦復如是하야

일체제법　　개현기전　　　비현일체제법지
一切諸法이 皆現其前호대 非現一切諸法之

능히 나타내 보인다.

 비유하면 허공이 오래지도 않고 가깝지도 않으나 능히 오래 머물러서 일체 물건을 나타내듯이, 보살마하살도 또한 다시 이와 같아서, 오래지도 않고 가깝지도 않으나 능히 오래 머물러서 보살들의 행할 바 모든 행을 나타내 보인다.

 비유하면 허공이 깨끗하지도 않고 더럽지도 않으나 깨끗하고 더러움을 여의지도 않듯이, 보살마하살도 또한 다시 이와 같아서, 막힌 것도 아니고 막힘이 없는 것도 아니나 막힘과 막힘이 없음을 여의지도 않는다.

 비유하면 허공은 일체 세간이 모두 그 앞에

전
前이니라

비여허공　　보입일체　　　이무변제　　　　　보
譬如虛空이　普入一切호대　而無邊際인달하야　菩

살마하살　　역부여시　　　보입제법　　　이보
薩摩訶薩도　亦復如是하야　普入諸法호대　而菩

살심　　무유변제
薩心은　無有邊際니라

하이고
何以故오

보살소작　　여허공고　　위소유수습　　소유
菩薩所作이　如虛空故니　謂所有修習과　所有

엄정　　소유성취　　개실평등　　　일체일미
嚴淨과　所有成就가　皆悉平等하야　一體一味며

나타나되 일체 세간의 앞에 나타나는 것이 아니듯이, 보살마하살도 또한 다시 이와 같아서, 일체 모든 법이 다 그 앞에 나타나되 일체 모든 법의 앞에 나타나는 것이 아니다.

비유하면 허공이 일체에 널리 들어가도 끝이 없듯이, 보살마하살도 또한 다시 이와 같아서, 모든 법에 널리 들어가지만 보살의 마음은 끝이 없다.

무슨 까닭인가?

보살의 짓는 바가 허공과 같은 까닭이니, 이른바 닦아 익힌 것과 깨끗하게 장엄한 것과 성취한 것이 모두 다 평등하여 하나의 체성이

일종분량　　여허공청정　　변일체처
一種分量_{이라} 如虛空淸淨_{하야} 徧一切處_{하니}

여시증지일체제법　　어일체법　　무유분
如是證知一切諸法_{하야} 於一切法_에 無有分

별
別_{하니라}

엄정일체제불국토　　원만일체무소의신
嚴淨一切諸佛國土_{하며} 圓滿一切無所依身_{하며}

요일체방　　무유미혹　　구일체력　　불가
了一切方_{하야} 無有迷惑_{하며} 具一切力_{하야} 不可

최괴　　만족일체무변공덕　　이도일체심
摧壞_{하며} 滿足一切無邊功德_{하야} 已到一切甚

심법처
深法處_{하니라}

통달일체바라밀도　　보좌일체금강지좌
通達一切波羅蜜道_{하야} 普坐一切金剛之座_{하며}

며 하나의 맛이며 한 가지 분량이다. 마치 허공이 청정하여 일체 처에 두루하듯이, 이와 같이 일체 모든 법을 증득하여 알되 일체 법에 분별이 없다.

일체 모든 부처님의 국토를 깨끗하게 장엄하며, 일체 의지한 데 없는 몸을 원만하게 하며, 일체 방위를 알아 미혹함이 없으며, 일체 힘을 갖추어서 꺾어 무너뜨릴 수 없으며, 일체 가없는 공덕을 원만하게 구족하며, 일체 매우 깊은 법의 처소에 이미 이르렀다.

일체 바라밀의 길에 통달하며, 일체 금강좌에 널리 앉으며, 일체 부류를 따르는 음성을

보발일체수류지음   위일체세간   전어
普發一切隨類之音하야 爲一切世間하야 轉於

법륜   미증실시
法輪하야 未曾失時하나니라

시명보살마하살   제십여공인
是名菩薩摩訶薩의 第十如空忍이니라

보살마하살   성취차인   득무래신   이무
菩薩摩訶薩이 成就此忍에 得無來身이니 以無

거고   득무생신   이무멸고
去故며 得無生身이니 以無滅故니라

득부동신   이무괴고   득불실신   이허
得不動身이니 以無壞故며 得不實身이니 離虛

망고
妄故니라

널리 내며, 일체 세간을 위하여 법륜을 굴리어 일찍이 시기를 잃지 아니하였다.

이 이름이 보살마하살의 열째 '허공 같은 인'이다.

보살마하살이 이 인을 성취하면 옴이 없는 몸을 얻으니 감이 없는 까닭이며, 생겨남이 없는 몸을 얻으니 사라짐이 없는 까닭이다.

흔들리지 않는 몸을 얻으니 무너뜨릴 수 없는 까닭이며, 실하지 않은 몸을 얻으니 허망함을 여읜 까닭이다.

한 모양인 몸을 얻으니 모양이 없는 까닭이

득일상신　　이무상고　　득무량신　　불력
得一相身이니 **以無相故**며 **得無量身**이니 **佛力**

무량고
無量故니라

득평등신　　동여상고　　득무차별신　　등
得平等身이니 **同如相故**며 **得無差別身**이니 **等**

관삼세고
觀三世故니라

득지일체처신　　정안등조　　무장애고
得至一切處身이니 **淨眼等照**하야 **無障礙故**며

득이욕제신　　지일체법　무합산고
得離欲際身이니 **知一切法**이 **無合散故**니라

득허공무변제신　　복덕장무진　　여허공
得虛空無邊際身이니 **福德藏無盡**이 **如虛空**

고　　득무단무진법성평등변재신　　지일
故며 **得無斷無盡法性平等辯才身**이니 **知一**

며, 한량없는 몸을 얻으니 부처님 힘이 한량없는 까닭이다.

평등한 몸을 얻으니 진여의 모양과 같은 까닭이며, 차별 없는 몸을 얻으니 삼세를 평등하게 관하는 까닭이다.

일체 처에 이르는 몸을 얻으니 깨끗한 눈으로 평등하게 비추어 장애가 없는 까닭이며, 욕망의 경계를 여의는 몸을 얻으니 일체 법이 모이고 흩어짐이 없음을 아는 까닭이다.

허공의 끝없는 몸을 얻으니 복덕창고가 다함없음이 허공과 같은 까닭이며, 끊임없고 다함없는 법의 성품이 평등한 변재의 몸을 얻으니 일체

체법상　유시일상　무성위성　여허공
切法相이 **唯是一相**이라 **無性爲性**이 **如虛空**

고
故니라

득무량무애음성신　무소장애　여허공
得無量無礙音聲身이니 **無所障礙**가 **如虛空**

고　득구족일체선교청정보살행신　어일
故며 **得具足一切善巧清淨菩薩行身**이니 **於一**

체처　개무장애　여허공고
切處에 **皆無障礙**가 **如虛空故**니라

득일체불법해차제상속신　불가단절　여
得一切佛法海次第相續身이니 **不可斷絶**이 **如**

허공고　득일체불찰중현무량불찰신　이
虛空故며 **得一切佛刹中現無量佛刹身**이니 **離**

제탐착　여허공무변고
諸貪著이 **如虛空無邊故**니라

법의 모양이 오직 한 모양이어서 성품이 없음으로 성품을 삼아 허공과 같음을 아는 까닭이다.

한량없고 걸림 없는 음성의 몸을 얻으니 장애하는 바가 없음이 허공과 같은 까닭이며, 일체 선교를 구족하여 청정한 보살행의 몸을 얻으니 일체 처에서 모두 장애가 없음이 허공과 같은 까닭이다.

일체 부처님의 법바다가 차례로 계속하는 몸을 얻으니 끊을 수 없음이 허공과 같은 까닭이며, 일체 부처님 세계 가운데 한량없는 부처님 세계를 나타내는 몸을 얻으니 모든 탐욕과 집착을 여의는 것이 허공이 가없는 것과 같은 까닭이다.

득시현일체자재법무휴식신   여허공대해
得示現一切自在法無休息身이니 如虛空大海

무변제고   득일체불가괴견고세력신   여
無邊際故며 得一切不可壞堅固勢力身이니 如

허공   임지일체세간고
虛空이 任持一切世間故니라

득제근명리   여금강견고불가괴신   여허
得諸根明利가 如金剛堅固不可壞身이니 如虛

공   일체겁화   불능소고   득지일체세간력
空이 一切劫火가 不能燒故며 得持一切世間力

신   지혜력   여허공고
身이니 智慧力이 如虛空故라

불자   시명보살마하살   십종인
佛子야 是名菩薩摩訶薩의 十種忍이니라

일체 자재한 법을 나타내 보임에 쉬지 않는 몸을 얻으니 허공 큰 바다가 끝이 없는 것과 같은 까닭이며, 일체 깨뜨릴 수 없는 견고한 세력의 몸을 얻으니 허공이 일체 세간을 맡아 지니는 것과 같은 까닭이다.

모든 근의 밝고 예리함이 금강과 같이 견고하여 깨뜨릴 수 없는 몸을 얻으니 허공을 일체 겁의 불이 태울 수 없는 것과 같은 까닭이며, 일체 세간을 유지하는 힘의 몸을 얻으니 지혜의 힘이 허공과 같은 까닭이다.

불자들이여, 이 이름이 보살마하살의 '열 가지 인'이다."

이시　보현보살마하살　욕중선기의　　이
爾時에 普賢菩薩摩訶薩이 欲重宣其義하사 而

설송언
說頌言하시니라

비여세유인　　　문유보장처
譬如世有人이　　聞有寶藏處하고

이기가득고　　　심생대환희
以其可得故로　　心生大歡喜하야

여시대지혜　　　보살진불자
如是大智慧인　　菩薩眞佛子가

청문제불법　　　심심적멸상
聽聞諸佛法의　　甚深寂滅相이로다

그때에 보현 보살마하살이 그 뜻을 거듭 펴
려고 게송을 설하여 말씀하였다.

비유하면 세상의 어떤 사람이
보배창고가 있는 곳을 듣고
그것을 얻을 수 있는 까닭으로
마음에 큰 환희를 내듯이

이와 같이 큰 지혜 있는
보살인 참 불자가
모든 부처님 법의
매우 깊은 적멸한 모습을 듣도다.

문차심법시　　　기심득안은
聞此深法時에　　其心得安隱하야

불경역불포　　　역불생공외
不驚亦不怖하며　亦不生恐畏로다

대사구보리　　　문사광대음
大士求菩提에　　聞斯廣大音하고

심정능감인　　　어차무의혹
心淨能堪忍하야　於此無疑惑이로다

자념이문차　　　심심미묘법
自念以聞此　　　甚深微妙法으로

당성일체지　　　인천대도사
當成一切智　　　人天大導師로다

이 깊은 법을 들었을 때에
그 마음이 안온함을 얻고
놀라지 않고 무서워하지 않으며
또한 두려워하지도 않도다.

큰 보살이 보리를 구함에
이 광대한 음성을 듣고
마음이 깨끗하여 능히 견디고 참아
이에 대하여 의혹이 없도다.

스스로 생각하기를
이 매우 깊고 미묘한 법을 들음으로써
마땅히 일체지를 이루어
인간과 천상의 대도사가 되리라.

보살문차음　　　　기심대환희
菩薩聞此音하고　　其心大歡喜하야

발생견고의　　　　원구제불법
發生堅固意하야　　願求諸佛法이로다

이락보리고　　　　기심점조복
以樂菩提故로　　　其心漸調伏하야

영신익증장　　　　어법무위방
令信益增長하야　　於法無違謗이로다

시고문차음　　　　기심득감인
是故聞此音에　　　其心得堪忍하야

안주이부동　　　　수행보살행
安住而不動하야　　修行菩薩行이로다

보살이 이 음성 듣고
그 마음이 크게 환희하여
견고한 뜻을 내어
모든 부처님 법 구하기를 원하도다.

보리를 즐겨하는 까닭으로
그 마음은 점점 조복되고
믿음이 더욱 증장하게 하여
법을 어기거나 비방함이 없도다.

그러므로 이 음성을 듣고는
그 마음이 참고 견딜 수 있어
편안히 머물러 흔들리지 않고
보살의 행을 수행하도다.

위구보리고　　　　전행향피도
爲求菩提故로　　**專行向彼道**하야

정진무퇴전　　　　불사중선액
精進無退轉하야　**不捨衆善軛**이로다

이구보리고　　　　기심무공외
以求菩提故로　　**其心無恐畏**하야

문법증용맹　　　　공불영환희
聞法增勇猛하야　**供佛令歡喜**로다

여유대복인　　　　획득진금장
如有大福人이　　**獲得眞金藏**에

수신소응복　　　　조작장엄구
隨身所應服하야　**造作莊嚴具**인달하야

보리를 구하기 위한 까닭으로

오로지 그 길로 향해 나아가

정진하고 물러남이 없으며

온갖 선한 멍에를 버리지 않도다.

보리를 구하는 까닭으로

그 마음에 두려움이 없어서

법을 듣고 더욱 용맹하여

부처님께 공양올려 환희케 하도다.

마치 큰 복이 있는 사람이

진금의 창고를 얻어서

몸에 알맞은 의복에 따라

장엄거리를 만들듯이

보살역여시　　　문차심심의
菩薩亦如是_{하야}　聞此甚深義_에

사유증지해　　　이수수순법
思惟增智海_{하야}　以修隨順法_{이로다}

법유역순지　　　법무역순지
法有亦順知_{하며}　法無亦順知_{하야}

수피법여시　　　여시지제법
隨彼法如是_{하야}　如是知諸法_{이로다}

성취청정심　　　명철대환희
成就淸淨心_{하야}　明徹大歡喜_{하며}

지법종연기　　　용맹근수습
知法從緣起_{하야}　勇猛勤修習_{이로다}

보살도 또한 이와 같아서
이 매우 깊은 뜻을 듣고는
사유하여 지혜바다를 늘리어
수순하는 법을 닦도다.

법이 있음도 또한 따라서 알고
법이 없음도 또한 따라서 알며
저 법이 이와 같음을 따라서
이와 같이 모든 법을 알도다.

청정한 마음을 성취하여
분명히 깨닫고 크게 환희하며
법이 연을 좇아 일어남을 알아서
용맹하게 부지런히 닦아 익히도다.

평등관제법　　　　요지기자성
平等觀諸法하야　了知其自性하고

불위불법장　　　　보각일체법
不違佛法藏하야　普覺一切法이로다

지락상견고　　　　엄정불보리
志樂常堅固하야　嚴淨佛菩提하며

부동여수미　　　　일심구정각
不動如須彌하야　一心求正覺이로다

이발정진의　　　　부수삼매도
以發精進意하고　復修三昧道호대

무량겁근행　　　　미증유퇴실
無量劫勤行하야　未曾有退失이로다

모든 법을 평등하게 관하고
그 자체 성품을 밝게 알며
부처님 법장을 어기지 않아
일체 법을 널리 깨닫도다.

뜻의 즐거움이 항상 견고하여
부처님의 보리를 깨끗이 장엄하며
흔들리지 않음이 수미산 같아서
일심으로 바른 깨달음을 구하도다.

정진할 뜻을 내고
다시 삼매의 도를 닦되
한량없는 겁 동안 부지런히 행하여
일찍이 물러난 적이 없도다.

보살소입법
菩薩所入法이

시불소행처
是佛所行處라

어차능요지
於此能了知하야

기심무염태
其心無厭怠로다

여무등소설
如無等所說하야

평등관제법
平等觀諸法하야

비불평등인
非不平等忍으로

능성평등지
能成平等智로다

수순불소설
隨順佛所說하야

성취차인문
成就此忍門에

여법이요지
如法而了知호대

역불분별법
亦不分別法이로다

보살이 들어간 법은
부처님께서 행하시던 곳이라
이것을 능히 밝게 알아서
그 마음에 게을러 싫어함이 없도다.

같음이 없는 이의 설하신 바와 같이
평등하게 모든 법을 관찰하면
평등한 인 아님이 없어
능히 평등한 지혜를 이루도다.

부처님께서 설하신 바를 수순하여
이 인의 문을 성취하면
법과 같이 분명히 알면서도
또한 법을 분별하지 않도다.

삼십삼천중
三十三天中에

소유제천자
所有諸天子가

공동일기식
共同一器食호대

소식각부동
所食各不同하니

소식종종식
所食種種食이

부종시방래
不從十方來라

여기소수업
如其所修業으로

자연함재기
自然咸在器니

보살역여시
菩薩亦如是하야

관찰일체법
觀察一切法이

실종인연기
悉從因緣起하야

무생고무멸
無生故無滅이로다

삼십삼천 가운데

있는 바 모든 천자들이

다 함께 한 그릇에서 먹지만

먹는 것은 각각 같지 않도다.

먹는 바 갖가지 음식이

시방에서 오는 것이 아니라

그 닦은 바 업으로

자연히 모두 그릇에 담겨있듯이

보살들도 또한 이와 같아서

일체 법을 관찰하니

모두 인연을 좇아 일어나서

생겨남이 없으므로 사라짐이 없도다.

무멸고무진
無滅故無盡이요

무진고무염
無盡故無染이니

어세변이법
於世變異法에

요지무변이
了知無變異하며

무이즉무처
無異則無處요

무처즉적멸
無處則寂滅이니

기심무염착
其心無染著하야

원도제군생
願度諸群生이로다

전념어불법
專念於佛法하야

미상유산동
未嘗有散動하고

이이비원심
而以悲願心으로

방편행어세
方便行於世로다

사라짐이 없으므로 다함이 없고
다함이 없으므로 물듦이 없으니
세간의 변하여 달라지는 법에
변하여 달라짐이 없음을 밝게 알도다.

달라짐이 없으면 곧 처소가 없고
처소가 없으면 곧 적멸하니
그 마음이 물들어 집착함이 없어서
모든 중생들을 제도하길 원하도다.

부처님 법을 오로지 생각하여
일찍이 산란하지 않고
자비와 서원하는 마음과
방편으로 세상에 다니도다.

근구어십력
勤求於十力하야

처세이부주
處世而不住하며

무거역무래
無去亦無來하야

방편선설법
方便善說法이로다

차인최위상
此忍最爲上이라

요법무유진
了法無有盡하야

입어진법계
入於眞法界호대

실역무소입
實亦無所入이로다

보살주차인
菩薩住此忍에

보견제여래
普見諸如來가

동시여수기
同時與授記니

사명수불직
斯名受佛職이로다

열 가지 힘을 부지런히 구하여
세간에 있으나 머무르지 않고
감도 없고 또한 옴도 없어
방편으로 법을 잘 설하도다.

이 인이 가장 높아서
법은 다함이 없음을 알아
참 법계에 들어가지만
실제로는 또한 들어갈 바도 없도다.

보살들이 이 인에 머무름에
모든 여래께서
동시에 수기 주심을 널리 보니
이 이름이 부처님 직책을 받음이로다.

요달삼세법
了達三世法의

적멸청정상
寂滅淸淨相이나

이능화중생
而能化衆生하야

치어선도중
置於善道中이로다

세간종종법
世間種種法이

일체개여환
一切皆如幻하니

약능여시지
若能如是知하면

기심무소동
其心無所動이로다

제업종심생
諸業從心生일새

고설심여환
故說心如幻이니

약리차분별
若離此分別하면

보멸제유취
普滅諸有趣로다

삼세의 법이 적멸하고 청정한 모습을

분명히 통달해 알지만

능히 중생들을 교화해서

선한 길 가운데 두도다.

세간의 갖가지 법이

일체가 모두 환과 같으니

만약 능히 이와 같이 알면

그 마음이 흔들리는 바가 없으리라.

모든 업은 마음에서 생기므로

마음이 환과 같다고 설하니

만약 이 분별을 떠나면

널리 모든 존재의 갈래가 멸하리라.

비여공환사
譬如工幻師가

보현제색상
普現諸色像하야

도령중탐락
徒令衆貪樂이나

필경무소득
畢竟無所得인달하야

세간역여시
世閒亦如是하야

일체개여환
一切皆如幻이라

무성역무생
無性亦無生이나

시현유종종
示現有種種이로다

도탈제중생
度脫諸衆生하야

영지법여환
令知法如幻이나

중생불이환
衆生不異幻이니

요환무중생
了幻無衆生이로다

비유하면 마술사가

모든 색의 형상을 널리 나타내어

한갓 대중들이 즐거움을 탐하게 하지만

필경에는 얻을 바가 없는 것과 같도다.

세간도 또한 이와 같아서

일체가 다 환과 같으니

성품도 없고 또한 남도 없지만

갖가지가 있음을 나타내 보이도다.

모든 중생들을 제도하여 해탈시켜서

법이 환과 같음을 알게 하지만

중생들도 환과 다르지 않으니

환인 줄 알면 중생도 없도다.

중생급국토
衆生及國土와

삼세소유법
三世所有法이

여시실무여
如是悉無餘하야

일체개여환
一切皆如幻이로다

환작남녀형
幻作男女形과

급상마우양
及象馬牛羊과

옥택지천류
屋宅池泉類와

원림화과등
園林華果等이나

환물무지각
幻物無知覺이며

역무유주처
亦無有住處하야

필경적멸상
畢竟寂滅相이라

단수분별현
但隨分別現이니

중생과 그리고 국토와

삼세의 있는 바 법이

이와 같이 모두 남음 없이

일체가 모두 환과 같도다.

환술로 남녀의 형상과

그리고 코끼리와 말과 소와 양과

집과 못과 샘물의 종류와

정원의 숲과 꽃과 열매 등을 만들지만

환술로 된 물건이라 지각이 없고

또한 머무르는 처소도 없어서

끝내 적멸한 모양이니

다만 분별을 따라 나타날 뿐이다.

보살능여시　　보견제세간
菩薩能如是하야　普見諸世間에

유무일체법　　요달실여환
有無一切法하고　了達悉如幻이로다

중생급국토　　종종업소조
衆生及國土가　種種業所造라

입어여환제　　어피무의착
入於如幻際하야　於彼無依著이로다

여시득선교　　적멸무희론
如是得善巧하야　寂滅無戲論이라

주어무애지　　보현대위력
住於無礙地하야　普現大威力이로다

보살들도 능히 이와 같아서

모든 세간을 널리 보지만

있고 없는 일체 법이

모두 환술 같음을 밝게 통달하도다.

중생과 국토가

갖가지 업으로 생긴 것이라

환술과 같은 경계에 들어가

그곳에 의지해 집착함이 없도다.

이와 같이 선교를 얻으면

적멸하고 희론이 없어

걸림 없는 지위에 머물러

큰 위신력을 널리 나타내리라.

용 맹 제 불 자
勇猛諸佛子가

수 순 입 묘 법
隨順入妙法하야

선 관 일 체 상
善觀一切想이

전 망 어 세 간
纏網於世間이로다

중 상 여 양 염
衆想如陽燄하야

영 중 생 도 해
令衆生倒解어든

보 살 선 지 상
菩薩善知想하야

사 리 일 체 도
捨離一切倒로다

중 생 각 별 이
衆生各別異하야

형 류 비 일 종
形類非一種이나

요 달 개 시 상
了達皆是想이라

일 체 무 진 실
一切無眞實이로다

용맹한 모든 불자들이
미묘한 법에 수순하여
일체 생각이 세간을 얽매는
그물인 줄 잘 관찰하도다.

온갖 생각이 아지랑이와 같아서
중생들이 이해를 뒤바꾸게 하니
보살은 생각임을 잘 알아
일체의 뒤바뀜을 버리어 떠나도다.

중생들은 각각 달라서
형상과 부류가 한 가지가 아니나
모두가 생각임을 밝게 통달하면
일체가 진실한 것이 없도다.

시방제중생
十方諸衆生이

개위상소부
皆爲想所覆니

약사전도견
若捨顚倒見이면

즉멸세간상
則滅世閒想이로다

세간여양염
世閒如陽燄하야

이상유차별
以想有差別이니

지세주어상
知世住於想이면

원리삼전도
遠離三顚倒로다

비여열시염
譬如熱時燄을

세견위위수
世見謂爲水나

수실무소유
水實無所有라

지자불응구
智者不應求인달하야

시방의 모든 중생들이
모두 망상에 덮인 바 되었으니
만약 전도된 소견을 버리면
곧 세간의 망상이 없어지리라.

세간은 아지랑이 같아서
생각 때문에 차별이 있으니
세상이 생각에 머무른 줄 알면
세 가지 전도를 멀리 여의리라.

비유하면 더울 때의 아지랑이를
세상에서 보고 물이라고 말하지만
물은 실제로 있는 바 없으니
지혜 있는 자는 마땅히 구하지 않듯이

중생역부연
衆生亦復然하야

세취개무유
世趣皆無有니

여염주어상
如燄住於想하면

무애심경계
無礙心境界로다

약리어제상
若離於諸想하고

역리제희론
亦離諸戱論하면

우치착상자
愚癡著想者로

실령득해탈
悉令得解脫이로다

원리교만심
遠離憍慢心하며

제멸세간상
除滅世間想하고

주진무진처
住盡無盡處가

시보살방편
是菩薩方便이로다

중생들도 또한 다시 그러하여
세상의 갈래가 모두 없으니
아지랑이가 생각에 머무른 것과 같이
걸림이 없는 마음의 경계로다.

만약 모든 생각을 떠나고
또한 모든 희론을 여의면
어리석어 생각에 집착한 자
모두 해탈을 얻게 하리라.

교만한 마음 멀리 여의고
세간이란 생각을 제거해 없애고
다함과 다함없는 곳에 머무름이
보살의 방편이로다.

보살요세법　　　일체개여몽
菩薩了世法의　　一切皆如夢하야

비처비무처　　　체성항적멸
非處非無處라　　體性恒寂滅이로다

제법무분별　　　여몽불이심
諸法無分別이라　如夢不異心하니

삼세제세간　　　일체실여시
三世諸世間이　　一切悉如是로다

몽체무생멸　　　역무유방소
夢體無生滅이며　亦無有方所라

삼계실여시　　　견자심해탈
三界悉如是니　　見者心解脫이로다

보살은 세상 법의

일체가 모두 꿈과 같음을 알아서

처소도 아니고 처소가 없음도 아니라

자체 성품이 항상 고요하도다.

모든 법은 분별이 없어

꿈과 같고 마음과 다르지 않으니

삼세의 모든 세간도

일체가 모두 이와 같도다.

꿈의 체는 생멸이 없으며

또한 방소도 없으니

삼계도 모두 이와 같아서

보는 자는 마음이 해탈하도다.

몽부재세간
夢不在世間이며

부재비세간
不在非世間이니

차이불분별
此二不分別하면

득입어인지
得入於忍地로다

비여몽중견
譬如夢中見

종종제이상
種種諸異相인달하야

세간역여시
世間亦如是하야

여몽무차별
與夢無差別이로다

주어몽정자
住於夢定者는

요세개여몽
了世皆如夢하야

비동비시이
非同非是異며

비일비종종
非一非種種이로다

꿈은 세간에 있지도 않고
세간 아닌 데도 있지 않으니
이 두 가지를 분별하지 않으면
인의 지위에 들어가리라.

비유하면 꿈속에서
갖가지 모든 다른 모양을 보듯이
세간도 또한 이와 같아서
꿈과 더불어 차별이 없도다.

꿈 삼매에 머무른 자는
세상이 다 꿈과 같음을 알아
같지도 않고 다르지도 않으며
하나도 아니고 갖가지도 아니로다.

중생제찰업
衆生諸刹業과

잡염급청정
雜染及淸淨을

여시실요지
如是悉了知

여몽개평등
與夢皆平等이로다

보살소행행
菩薩所行行과

급이제대원
及以諸大願이

명료개여몽
明了皆如夢하야

여세역무별
與世亦無別이로다

요세개공적
了世皆空寂이나

불괴어세법
不壞於世法이

비여몽소견
譬如夢所見

장단등제색
長短等諸色이니

중생과 모든 세계와 업이
섞이어 물듦과 청정함을
이와 같이 모두 밝게 알면
꿈과 더불어 다 평등하리라.

보살이 수행하는 행과
그리고 모든 큰 원이
다 꿈과 같아서 세간과 더불어
또한 다름이 없음을 밝게 알도다.

세상이 다 공적함을 알지만
세상 법을 무너뜨리지 않는 것은
비유하면 꿈속에서 길고 짧은 등
모든 색을 보는 것과 같도다.

시명여몽인
是名如夢忍이라

인차요세법
因此了世法하면

질성무애지
疾成無礙智하야

광도제군생
廣度諸群生이로다

수행여시행
修行如是行하면

출생광대해
出生廣大解하야

교지제법성
巧知諸法性이나

어법심무착
於法心無著이로다

일체제세간
一切諸世間에

종종제음성
種種諸音聲이

비내역비외
非內亦非外라

요지실여향
了之悉如響이니

이 이름이 '꿈 같은 인'이라
이를 인하여 세상 법을 알면
걸림 없는 지혜를 빨리 이루어
모든 중생들을 널리 제도하리라.

이와 같은 행을 수행하면
광대한 이해를 내어
모든 법의 성품을 잘 알고
법에 집착하는 마음이 없으리라.

일체 모든 세간의
갖가지 모든 음성이
안도 아니고 또한 바깥도 아니며
모두 메아리 같음을 알도다.

여문종종향
如聞種種響하고

심불생분별
心不生分別하야

보살문음성
菩薩聞音聲에

기심역여시
其心亦如是로다

첨앙제여래
瞻仰諸如來하며

급청설법음
及聽說法音과

연계경무량
演契經無量에

수문무소착
雖聞無所著이로다

여향무래처
如響無來處하야

소문성역연
所聞聲亦然호대

이능분별법
而能分別法하야

여법무괴류
與法無乖謬로다

갖가지 메아리를 들어도

마음이 분별을 내지 않듯이

보살이 음성을 들음에

그 마음도 또한 이와 같도다.

모든 여래를 우러러보고

그리고 설법하는 음성을 들으며

한량없는 경전을 연설하심을

비록 들어도 집착하는 바가 없도다.

메아리가 온 곳이 없듯이

듣는 음성도 또한 그러하되

능히 법을 분별하여

법과 더불어 어긋남이 없도다.

선료제음성
善了諸音聲하야

어성불분별
於聲不分別하야

지성실공적
知聲悉空寂이나

보출청정음
普出淸淨音이로다

요법부재언
了法不在言하야

선입무언제
善入無言際로다

이능시언설
而能示言說하야

여향변세간
如響徧世間이로다

요지언어도
了知言語道하고

구족음성분
具足音聲分하야

지성성공적
知聲性空寂이나

이세언음설
以世言音說이로다

모든 음성을 잘 알지만

소리를 분별하지 않으며

소리가 모두 공적함을 알지만

청정한 음성을 널리 내도다.

법은 말에 있지 않음을 알고

말이 없는 경계에 잘 들어갔으나

언설을 능히 보여

메아리가 세간에 두루하듯 하도다.

언어의 길을 분명히 알고

음성의 분한을 갖추어서

소리의 성품이 공적함을 알지만

세상의 말로써 설하도다.

여세소유음
如世所有音하야

시동분별법
示同分別法하니

기음실주변
其音悉周徧하야

개오제군생
開悟諸群生이로다

보살획차인
菩薩獲此忍에

정음화세간
淨音化世間하야

선교설삼세
善巧說三世호대

어세무소착
於世無所著이로다

위욕이세간
爲欲利世間하야

전의구보리
專意求菩提호대

이상입법성
而常入法性하야

어피무분별
於彼無分別이로다

세상에 있는 음성과 같이
법을 분별함과 같음을 보이니
그 음성이 모두 두루하여
모든 중생들을 깨닫게 하도다.

보살이 이 인을 얻고는
깨끗한 음성으로 세상을 교화하여
삼세를 교묘하게 잘 설하되
세상에 집착하는 바가 없도다.

세간을 이익하게 하고자
오로지 보리를 구하지만
항상 법의 성품에 들어가
그것에 분별함이 없도다.

보관제세간
普觀諸世間이

적멸무체성
寂滅無體性호대

이항위요익
而恒爲饒益하야

수행의부동
修行意不動이로다

부주어세간
不住於世間하며

불리어세간
不離於世間하야

어세무소의
於世無所依하니

의처불가득
依處不可得이로다

요지세간성
了知世間性하야

어성무염착
於性無染著하니

수불의세간
雖不依世間이나

화세영초도
化世令超度로다

모든 세간이 적멸하여
자체 성품이 없음을 널리 관하되
항상 넉넉히 이익하게 하기 위하여
수행하는 뜻이 흔들리지 않도다.

세간에 머무르지도 않고
세간을 떠나지도 않으며
세간에 의지하는 바도 없으니
의지하는 곳을 얻을 수 없도다.

세간의 성품을 분명히 알아
성품에 물들어 집착함이 없으며
비록 세간에 의지하지 않으나
세간을 교화하여 건너게 하도다.

세간소유법　　　실지기자성
世間所有法에　　悉知其自性하야

요법무유이　　　무이역무착
了法無有二호대　無二亦無著이로다

심불리세간　　　역부주세간
心不離世間하며　亦不住世間호대

비어세간외　　　수행일체지
非於世間外에　　修行一切智로다

비여수중영　　　비내역비외
譬如水中影이　　非內亦非外인달하야

보살구보리　　　요세비세간
菩薩求菩提에　　了世非世間하야

세간에 있는 바 법에
그 자성을 모두 알아서
법이 둘이 없음을 아니
둘도 없고 또한 집착도 없도다.

마음은 세간을 떠나지 않고
또한 세간에 머무르지도 않으나
세간 밖에서
일체지를 수행하는 것도 아니로다.

비유하면 물속의 그림자가
안도 아니고 또한 밖도 아니듯이
보살이 보리를 구함은
세간과 세간 아님을 알고

불어세주출　　　이세불가설
不於世住出하니　以世不可說이며

역부재내외　　　여영현세간
亦不在內外나　　如影現世間이로다

입차심심의　　　이구지명철
入此甚深義에　　離垢志明徹이나

불사본서심　　　보조지혜등
不捨本誓心하고　普照智慧燈이로다

세간무변제　　　지입실제등
世間無邊際에　　智入悉齊等하야

보화제군생　　　영기사중착
普化諸群生하야　令其捨衆著이로다

세간에 머무르거나 벗어나지도 않으니
세간을 말할 수 없으며
또한 안이나 밖에 있는 것도 아니나
그림자가 세간에 나타나듯 하도다.

이 매우 깊은 이치에 들어감에
때를 여의고 뜻에 밝게 사무쳐
본래 서원의 마음을 버리지 않고
지혜의 등불을 널리 비추도다.

끝없는 세간에
지혜로 들어가 모두 가지런히 평등하니
모든 중생들을 널리 교화하여
그들에게 온갖 집착을 버리게 하도다.

관찰심심법
觀察甚深法하야

이익군생중
利益群生衆하고

종차입어지
從此入於智하야

수행일체도
修行一切道로다

보살관제법
菩薩觀諸法하야

체료실여화
諦了悉如化나

이행여화행
而行如化行하야

필경영불사
畢竟永不捨로다

수순화자성
隨順化自性하야

수습보리도
修習菩提道에

일체법여화
一切法如化라

보살행역연
菩薩行亦然이로다

매우 깊은 법을 관찰하여
중생의 무리들을 이익하게 하니
이로부터 지혜에 들어가
일체의 도를 수행하도다.

보살이 모든 법을 관찰하여
모두 허깨비 같음을 자세히 알되
허깨비와 같은 행을 행하니
필경에 길이 버리지 않도다.

허깨비의 자체 성품을 따라
보리의 길을 닦아 익히니
일체 법이 허깨비와 같음이라
보살의 행도 또한 그러하도다.

일체제세간
一切諸世間과

급이무량업
及以無量業이

평등실여화
平等悉如化하야

필경주적멸
畢竟住寂滅이로다

삼세소유불
三世所有佛이

일체역여화
一切亦如化나

본원수제행
本願修諸行하야

변화성여래
變化成如來로다

불이대자비
佛以大慈悲로

도탈화중생
度脫化衆生이나

도탈역여화
度脫亦如化라

화력위설법
化力爲說法이로다

일체 모든 세간과

그리고 한량없는 업이

평등하게 모두 허깨비와 같아서

끝내 적멸에 머무르도다.

삼세에 계시는 부처님이

일체가 또한 허깨비와 같으나

본래의 서원으로 모든 행을 닦아서

변화하여 여래를 이루도다.

부처님께서 대자비로

허깨비 중생들을 제도하시나

제도하심도 또한 허깨비와 같아서

허깨비의 힘으로 법을 설하도다.

지세개여화
知世皆如化하야

불분별세간
不分別世間하니

화사종종수
化事種種殊가

개유업차별
皆由業差別이로다

수습보리행
修習菩提行하야

장엄어화장
莊嚴於化藏하니

무량선장엄
無量善莊嚴이

여업작세간
如業作世間이로다

화법이분별
化法離分別하고

역불분별법
亦不分別法이라

차이구적멸
此二俱寂滅하니

보살행여시
菩薩行如是로다

세간이 모두 허깨비와 같음을 알아서
세간을 분별하지 않으니
허깨비의 일이 갖가지 다름은
모두 업의 차별을 말미암은 것이로다.

보리의 행을 닦아 익혀서
허깨비의 창고를 장엄하니
한량없는 선으로 장엄함이
업으로 세간을 지음과 같도다.

허깨비의 법은 분별을 떠났고
또한 법을 분별하지도 않아
이 두 가지가 모두 적멸하니
보살의 행도 이와 같도다.

화 해 요 어 지
化海了於智하고

화 성 인 세 간
化性印世間하니

화 비 생 멸 법
化非生滅法이라

지 혜 역 여 시
智慧亦如是로다

제 십 인 명 관
第十忍明觀

중 생 급 제 법
衆生及諸法이

체 성 개 적 멸
體性皆寂滅하야

여 공 무 처 소
如空無處所로다

획 차 여 공 지
獲此如空智하야

영 리 제 취 착
永離諸取著하니

여 공 무 종 종
如空無種種하야

어 세 무 소 애
於世無所礙로다

허깨비바다로 지혜를 알고
허깨비 성품으로 세간을 인정하여
허깨비는 생멸하는 법이 아니니
지혜도 또한 이와 같도다.

열째의 인으로 밝게 관하니
중생과 그리고 모든 법은
자체 성품이 모두 적멸하여
허공과 같이 처소가 없도다.

이 허공과 같은 지혜를 얻어
모든 취착을 길이 떠나고
허공과 같이 갖가지가 없어서
세상에 걸릴 것이 없도다.

성취공인력 　　　 여공무유진
成就空忍力에 　 **如空無有盡**하야

경계여허공 　　　 부작공분별
境界如虛空호대 　 **不作空分別**이로다

허공무체성 　　　 역부비단멸
虛空無體性호대 　 **亦復非斷滅**이며

역무종종별 　　　 지력역여시
亦無種種別하니 　 **智力亦如是**로다

허공무초제 　　　 역부무중후
虛空無初際며 　 **亦復無中後**라

기량불가득 　　　 보살지역연
其量不可得이니 　 **菩薩智亦然**이로다

허공 같은 인의 힘을 성취하면
허공과 같이 다함이 없어
경계가 허공과 같지만
허공이라는 분별도 짓지 않도다.

허공은 자체 성품이 없으나
또한 다시 끊어져 없어진 것도 아니며
또한 갖가지 차별도 없으니
지혜의 힘도 또한 이와 같도다.

허공은 처음도 없고
또한 다시 중간도 나중도 없어
그 양을 얻을 수 없으니
보살의 지혜도 또한 그러하도다.

여시관법성
如是觀法性이

일체여허공
一切如虛空하야

무생역무멸
無生亦無滅이

보살지소득
菩薩之所得이로다

자주여공법
自住如空法하고

부위중생설
復爲衆生說하야

항복일체마
降伏一切魔가

개사인방편
皆斯忍方便이로다

세간상차별
世間相差別이

개공무유상
皆空無有相하니

입어무상처
入於無相處하면

제상실평등
諸相悉平等이로다

이와 같이 법의 성품을 관하면

일체가 허공과 같아서

나지도 않고 또한 사라지지도 않으니

보살들의 얻은 바로다.

스스로 허공과 같은 법에 머무르고

다시 중생들을 위해 설하여

일체 마군을 항복시키니

모두가 이 인의 방편이로다.

세간의 모양은 차별하지만

모두 공하여 모양이 없고

모양 없는 곳에 들어가면

모든 모양들이 다 평등하리라.

유이일방편
唯以一方便으로

보입중세간
普入衆世間하니

위지삼세법
謂知三世法이

실등허공성
悉等虛空性이로다

지혜여음성
智慧與音聲과

급이보살신
及以菩薩身이

기성여허공
其性如虛空하야

일체개적멸
一切皆寂滅이로다

여시십종인
如是十種忍이

불자소수행
佛子所修行이

기심선안주
其心善安住하야

광위중생설
廣爲衆生說이로다

오직 한 가지 방편으로

온갖 세간에 널리 들어가니

삼세의 법을 안다고 하지만

모두가 허공의 성품과 같도다.

지혜와 음성과

그리고 보살의 몸이

그 성품이 허공과 같아

일체가 모두 적멸이로다.

이와 같은 열 가지 인이

불자들이 닦아 행하는 바라

그 마음이 매우 편안히 머물러

널리 중생들을 위하여 설하도다.

어 차 선 수 학
於此善修學하면

성 취 광 대 력
成就廣大力과

법 력 급 지 력
法力及智力하야

위 보 리 방 편
爲菩提方便이로다

통 달 차 인 문
通達此忍門하면

성 취 무 애 지
成就無礙智하야

초 과 일 체 중
超過一切衆하야

전 어 무 상 륜
轉於無上輪이로다

소 수 광 대 행
所修廣大行이

기 량 불 가 득
其量不可得이니

조 어 사 지 해
調御師智海로

내 능 분 별 지
乃能分別知로다

이것을 잘 닦아 배우면
광대한 힘과 법력과
그리고 지혜의 힘을 성취하여
보리의 방편이 되도다.

이러한 인의 문을 통달한다면
걸림 없는 지혜를 성취하여
일체 무리를 뛰어넘어서
위없는 법륜을 굴리리라.

닦은 바 광대한 행은
그 양을 얻을 수 없으니
조어사의 지혜바다라야
이에 분별하여 알 수 있도다.

사아이수행　　입어심법성
捨我而修行하야　入於深法性하고

심상주정법　　이시시군생
心常住淨法하야　以是施群生이로다

중생급찰진　　상가지기수
衆生及刹塵은　尚可知其數어니와

보살제공덕　　무능탁기한
菩薩諸功德은　無能度其限이로다

보살능성취　　여시십종인
菩薩能成就　如是十種忍하면

지혜급소행　　중생막능측
智慧及所行을　衆生莫能測이로다

〈大方廣佛華嚴經 卷第四十四〉

'나'를 버리고 수행하여
깊은 법의 성품에 들어간다면
마음이 항상 청정한 법에 머물러
이로써 중생들에게 보시하리라.

중생들이나 세계의 티끌은
오히려 그 수효를 알 수 있으나
보살의 모든 공덕은
그 한계를 능히 헤아릴 수 없도다.

보살이 이와 같은
열 가지 인을 능히 성취하니
지혜와 행하는 바를
중생들은 측량할 수 없도다.

〈대방광불화엄경 제44권〉

大方廣佛華嚴經 ──부록

·

대방광불화엄경 목차

·

간행사

대방광불화엄경
목차

간 행 사

　귀의삼보 하옵고,

　『대방광불화엄경』의 수지 독송과 유통을 발원하면서 수미정사 불전연구원에서 『독송본 한문·한글역 대방광불화엄경』과 『사경본 한글역 대방광불화엄경』을 편찬하여 간행하게 되었습니다.

　『화엄경』은 우리나라에 전래된 이래 일찍부터 사경되고 주석·강설되어 왔으며 근현대에 이르러서는 『화엄경』의 한글 번역과 연구도 부쩍 많이 이루어졌습니다. 그만큼 『화엄경』이 우리 불자님들의 신행과 해탈에 큰 의지처가 되었던 것임을 알 수 있습니다.

　『화엄경』을 독송하고 사경하는 공덕은 설법 공덕과 함께 크게 강조되어 왔습니다. 그리하여 수미정사 불전연구원에서도 『화엄경』(80권)을 독송하고 사경하는 데 도움이 되도록 한문 원문과 한글역을 함께 수록한 독송본과 한글역의 사경본 『화엄경』 간행불사를 발원하였습니다. 이 『화엄경』 간행불사에 뜻을 같이하여 적극 후원해주신 스님들과 재가 불자님들께 깊이 감사드립니다. 또한 『화엄경』을 수지 독송할 수 있도록 경책의 모습으로 장엄해 주신 편집위원들과 담앤북스 출판사 관계자들께도 고마움을 표합니다.

　끝으로 이 불사의 원만 회향으로 『화엄경』이 널리 유통되고, 온 법계에 부처님의 가피가 충만하시길 기원드립니다.

　나무 대방광불화엄경

불기 2564년 '부처님오신날'을 봉축하며
수미해주 합장

위태천신(동진보살)

수미해주 須彌海住

호거산 운문사에서 성관 스님을 은사로 출가, 석암 대화상을 계사로 사미니계 수계, 월하 전계사를 계사로 비구니계 수계, 계룡산 동학사 전문강원 졸업, 동국대학교 불교대학 및 동 대학원 졸업, 철학박사, 가산지관 대종사에게서 전강, 동국대학교 불교대학 교수, 동학승가대학 학장 및 화엄학림 학림장, 중앙승가대학교 법인이사 역임.
(현) 수미정사 주지, 동국대학교 명예교수.
저·역서로 『의상화엄사상사연구』, 『화엄의 세계』, 『정선 원효』, 『정선 화엄 1』, 『정선 지눌』, 『법계도기총수록』, 『해주스님의 법성게 강설』 등 다수.

독송본 한문·한글역
대방광불화엄경 제44권

| 초판 1쇄 발행_ 2024년 5월 24일

| 엮은이_ 수미해주
| 엮은곳_ 수미정사 불전연구원
| 편집위원_ 해주 수정 경진 선초 정천 석도 박보람 최원섭
| 편집보_ 무이 무진 지욱 혜명

| 펴낸이_ 오세룡
| 펴낸곳_ 담앤북스
    서울특별시 종로구 새문안로3길 23 경희궁의 아침 4단지 805호
    대표전화 02)765-1251 전자우편 dhamenbooks@naver.com
    출판등록 제300-2011-115호
| ISBN_ 979-11-6201-828-6 04220

정가 15,000원
ⓒ 수미해주 2024